T0246971

EL ARTE DE SOBREVIVIR

ARTHUR SCHOPENHAUER

EL ARTE DE SOBREVIVIR

Editado por
ERNST ZIEGLER

Traducción de
JOSÉ ANTONIO MOLINA GÓMEZ

Herder

Título original: Die Kunst, am Leben zu bleiben
Traducción: José Antonio Molina Gómez
Diseño de la cubierta: Dani Sanchis

© 2011, Verlag C.H. Beck oHG, Múnich
© 2013, Herder Editorial, S.L., Barcelona

2.ª edición, 5.ª impresión, 2022

ISBN: 978-84-254-4223-0

Imprenta: Liberdúplex
Depósito legal: B - 15574-2018
Printed in Spain – Impreso en España

Herder
www.herdereditorial.com

Mariae meae uxori optimae

ÍNDICE

INTRODUCCIÓN

*Valoraba que sus escritos
fueran leídos por diletantes
y, a la manera propia de ellos,
con entusiasmo.*

WILHELM GWINNER

Arthur Schopenhauer, un pesimista bendecido por el destino, afirmaba que la vida no era propiamente para «saborearla, sino para soportarla y anularla», y la veía como algo que «está mejor detrás que delante de nosotros».[1] ¡Pero ciertamente, la vida de este gran filósofo no era en absoluto tan mala!

Su madre, Johanna Schopenhauer (1766-1838), le escribió en marzo de 1807, cuando Arthur contaba 19 años:

El hecho de que no te sientes a gusto en el mundo y en tu propia piel me asustaría si no supiera que eso le pasa a cualquier chico de tu edad a quien la naturaleza no lo haya destinado de por sí a ser insensible. Pronto te sincerarás contigo mismo y entonces el mundo será de tu agrado, con tal de que sepas mantenerte en paz.

Desde luego, mi querido y pobre Arthur, para ti desde tu aislada posición, la transición a la vida real te resultará más difícil que a otros; quizá sea yo la única persona que te entiende y que podría escucharte con paciencia, darte consejos y consolarte; pero precisamente te hago falta ahora cuando más necesitarías a alguien a quien pudieras dirigirte con plena confianza; pero eso no se puede remediar, ten paciencia, vendrán días más hermosos. Precisamente en el momento que estás viviendo, querido Arthur, el colorido mundo infantil, la primavera de la vida, se desvanece; en el nuevo mundo que se abre ante ti aún no sabes orientarte, vacilas y no sabes muy bien a qué lugar perteneces. Todo eso cambiará, tu malestar desaparecerá y vivirás alegre y con ganas.[2]

Sobre la vida de Schopenhauer podemos conocer detalles gracias a las cartas que su madre y su hermana Adele (Louise Adelaide Lavinia, 1797-1849) le escribieron y que se han conservado. En marzo de 1832, su madre, Johanna, preguntaba a su hijo:

Tu enfermedad me preocupa; te pido, por favor, que te cuides. Por cierto, ¿en qué consiste tu malestar? ¡El pelo canoso! ¡Una barba larga! No puedo imaginarte así. Además, lo primero no será tan grave y lo segundo tiene fácil remedio.[3]

Ya las cartas tempranas de la madre ilustran el carácter de Schopenhauer y aún más las que redactó a partir de aproximadamente 1830 y que han llegado hasta nosotros; así, por ejemplo, le escribe el 1 de marzo de 1832: «No te enfurezcas y no tomes ninguna decisión grave precipitadamente que me obligue a dejarte en la estacada».[4] Se alegra de que su hijo sea ahora «lo bastante justo» con ella y a la vez se siente inquieta por su «lúgubre fantasía».[5] El 20 de marzo de 1832 –Schopenhauer tiene 44 años y vive en Frankfurt– su madre le escribe: «Todo lo que me cuentas sobre tu salud, tu miedo a la gente y tu siniestro estado de ánimo me intranquiliza mucho más de lo que pueda y deba decirte, ya sabes por qué».[6] (La madre pensaba probablemente en su marido y tenía miedo de que su hijo, al igual que había hecho el padre, pudiera llegar a quitarse la vida.)[7] En abril de 1832, menciona «la irritación contra los hombres» que sentía Schopenhauer, así como su naturaleza sombría y suspicaz.[8] De nuevo en 1835, escribe sobre el «carácter espantosamente desconfiado» de su hijo.[9]

Por lo demás, la correspondencia con la madre y la hermana, reiniciada en enero de 1832, trata sobre todo acerca de cuestiones de bienes y dinero, así como de asuntos de la herencia: ingresos, temas relacionados con Ohra,* como sus réditos y diezmos, arrendamientos, pactos enfitéuticos, etcétera.

Schopenhauer se establece definitivamente en 1833 en el «chismoso» Frankfurt del Meno, donde pretende quedarse hasta el fin de sus días.[10] «El clima, la región así como también el teatro y pequeñas comodidades son aquí incomparablemente mejores que en Mannheim; la compañía, en cambio, incomparablemente peor; pero vivo como un anacoreta, entregado total y exclusivamente a mis estudios y mi labor», informa a finales de mayo de 1835 a Carl Wilhelm Labes.[11] Y en diciembre de 1835 cuenta a su hermana que lleva ya

---

* Una propiedad de la familia en Gdansk. *(N. del T.)*

cinco meses trabajando de tres a cuatro horas diarias en un pequeño tratado *(Sobre la voluntad en la naturaleza)* y que le gustaba el Meno «porque atiendo solo a la naturaleza, al clima, a los precios módicos y a comodidades: Frankfurt es *a confortable place*; los hombres no significan nada para mí, en ninguna parte».[12] En enero de 1838 escribe a su primo Carl W. Labes:

> Además, para los frankfurtenses Frankfurt es el mundo, lo que se halla fuera de su ciudad está fuera del mundo. Es una pequeña y cateta nación de abderitas, rígida, intrínsecamente bruta y engreída como municipio, a la que no me acerco de buena gana. Vivo como un anacoreta y únicamente para mi ciencia.[13]

Desde 1843 Schopenhauer ocupa a orillas del Meno, cerca de la biblioteca municipal, en una majestuosa casa de la calle Schöne Aussicht [Bella Vista] (primero en el número 17, después en el 16), una espaciosa vivienda con una habitación para los libros «con casi 1 400 obras», a saber, alrededor de 3 000 volúmenes.[14] Tras la muerte de la madre, el 16 de abril de 1838, Adele continúa escribiendo a su hermano. En estas cartas, que según su propio juicio son frecuentemente «oscuras y confusas» y bastante aburridas, se trata casi siempre de asuntos de «negocios», de sus largas enfermedades, sus baños terapéuticos, así como de míseras menudencias (por ejemplo, el franqueo de cartas).[15] Estas cartas huelen a «soltería»; según Arthur, Adele escribe «del todo a modo de las viejas solteronas».[16] Pese a ello, encontramos en las misivas preciosos testimonios de la vida del filósofo.

Adele comienza a leer las obras de su hermano: «Tu libro se está leyendo aquí, y entre los entendidos se habla con reconocimiento de él», le comunica en octubre de 1837.[17] Se refiere al «pequeño tratado» *Sobre la voluntad en la naturaleza*, que había aparecido en 1836 en Frankfurt del Meno.[18] En marzo de 1839 Adele se alegra de lo que Arthur le cuenta sobre su «victoria en el certamen». Se trata del «escrito galardonado *Sobre la libertad de la voluntad*», que es premiado por la Real Sociedad Noruega de las Ciencias en Drontheim, el 26 de enero de 1839.[19]

En verano de 1840, Schopenhauer se ve aquejado de fuertes dolores de oído; sobre esto le escribe Adele el 19 de julio:

Tu desconfianza te sume en la miseria, y eso me causa más pena aún que tu enfermedad, la cual espero que pase; enfádate lo menos posible, eso es lo que más perjudica.[20]

En noviembre de 1840, Adele sentía «mucha curiosidad» por los escritos galardonados de su hermano sobre *Los dos problemas fundamentales de la ética*, que se publicaron en 1841 en Frankfurt del Meno. Esperaba poder entenderlos, ya que había «leído mucho sobre la materia». En diciembre tenía el libro ya entre las manos y dio las gracias a su hermano.[21] En su carta del 17 de abril de 1841, escribió desde Jena a Frankfurt diciendo que lo había leído «con gran interés» y que le comunicaría «todas sus opiniones al respecto» (a las cuales Schopenhauer siempre otorgaba gran valor). Esta hermosa carta contiene una exhaustiva toma de postura:

Puesto que no me gusta Hegel, el prólogo me ha divertido mucho, si bien me gustaría que fueras un poco menos sarcástico. No deja de sorprender que los hombres sabios en Alemania estén y permanezcan tan alejados de las ciencias naturales y que en nuestro país esta forma de conocimiento no constituya la base de la educación de la juventud. [...] Tu primer tratado versa sobre una materia que cada persona de mente sana e inteligente habrá abordado alguna vez, en la medida de sus fuerzas y capacidades. Has demostrado una eminente perspicacia en la forma de tratar el problema y no tengo nada que reprobarte. Cabe mencionar al respecto que, debido a mi prolongado estudio de Schlegel, conozco bien el panorama religioso de la India, todo lo bien que puede conocerse a través de libros ingleses sin llegar a ser un erudito, y me intereso mucho por ello. La doctrina agustiniana me ha disgustado siempre, y aún más desde que volví a encontrarla en Bonn bajo la forma de pietismo protestante. De manera que pude entenderte con facilidad. [...]

El segundo tratado me ha agradado sobremanera. Concuerda con todas las religiones, y muy exactamente con el cristianismo. Lo encuentro admirablemente bien escrito y desarrollado. Te estimo más gracias a tu libro. [...] Quisiera poder decirte cuánto he pensado en tu tratado, ¡pero para ello yo también debería escribir un libro! De manera que tan solo puedo decirte que agradezco tu regalo de todo corazón.[22]

Tras publicarse en julio de 1841 en el *Deutsches Jahrbuch für Wissenschaft und Kunst* [Anuario Alemán para las Ciencias y las Artes] una amplia recensión de Friedrich Wilhelm Carové con el pseudónimo de Spiritus Asper (espíritu áspero, desabrido, arisco) acerca de las obras de Schopenhauer *Sobre la voluntad en la natura-*

leza y *Los dos problemas fundamentales de la ética*, Adele escribe a su hermano el 1 de noviembre: «Parece que has sido duramente atacado; yo no leo escritos semejantes, lo sé tan solo por lo que me han dicho».[23]

En marzo de 1844, Schopenhauer hace llegar a Jena un ejemplar de la segunda edición de *El mundo como voluntad y representación* para su hermana,[24] ella lo recibe en junio y en agosto le escribe:

Tu ingenioso libro me ha gustado mucho, antes que nada por el estilo, la forma de escribir y su disposición; tu sistema ya lo conocía por haber leído el libro anterior [...] Los detalles han sido elaborados bella y cuidadosamente. De haber conocido tus observaciones con anterioridad, habría podido ayudarte a completarlas. Así, por ejemplo, las que versan sobre ¡la similitud congénita de lo corporal y lo intelectual! [...] Me ha alegrado encontrarte a ti en el campo que yo había labrado. (En lo tocante al amor sexual, has olvidado la simpatía entre las personas, en cuanto a las amistades también, o has hecho poca mención de ello, y la simpatía entre hombres y animales creo que no la tratas en absoluto.) (¡Después de todo, podrían escribirse otros diez tomos más!) Te doy las gracias de corazón, leo muy a menudo pasajes de tu libro. No causó tan mala impresión cuando hablé de él; al archiduque heredero, por ejemplo, en absoluto; le interesó mucho; en los últimos diez años, las personas se han acostumbrado a escuchar esas cosas y ya no las inquietan, y menos cuando se hace de forma científica; pero tampoco las conmueven íntimamente, pues las escuchan como si se tratara de cualquier otro sistema filosófico, ¡como la demostración de algo que no les afecta personalmente en nada! Esos fenómenos son muy divertidos.

Leeré a menudo tu libro, aunque no puedo llevarlo conmigo. Muchas de las cosas que pienso sobre él no puedo escribirlas, ni otras decirlas, porque te conozco demasiado poco. En su conjunto, todas estas consideraciones no me resultaban extrañas en modo alguno; en parte las conocía por ti, en parte venían de mí misma y en parte las tenía por mis conversaciones con científicos. No todas eran idénticas a las mías, pero se dejaban combinar con ellas. De nuevo, te doy las más efusivas gracias.[25]

En agosto de 1843, escribe a su hermano, «bueno y gruñón»:

¡Ojalá, querido Arthur, tu trabajo no te permita nunca sentir la soledad, ojalá te llene y sostenga constantemente y te mantengas sano; sin esta enfermedad, mi talento me habría reservado lo mismo a mí![26]

Junto al interés que Adele sentía por las obras de su hermano, también le preocupaban otras cosas como su «sordera» y una gripe que había tenido, preguntaba por su caniche y en 1841 se ofreció incluso a ayudarlo con sus consejos y su apoyo práctico «en la compra o distribución» de los muebles:

Espero de todo corazón que tu vida se esté desarrollando con un poco más de comodidad, que tengas muebles, también una sirvienta, etcétera. A tu edad, uno empieza a gustar de la comodidad, y aunque puedes vivir fácilmente todavía 30 años más, no alcanzo a ver por qué habrías de vivirlos de manera *incómoda*.[27]

A la contratación de una sirvienta apunta un escrito probablemente de 1832 y en cartas de 1855 se alude a un ama de llaves o una criada llamada Margarethe Schnepp. En su testamento de 1852, Schopenhauer lega «a su sirvienta una renta personal y la mayor parte de su mobiliario».[28]

Que Adele no considerara a su hermano competente en modo alguno para «asuntos de carácter *cotidiano*» lo prueba el pasaje de una carta del 20 de enero de 1844:

> Te tengo por un pensador demasiado profundo, estoy por decir «demasiado sagrado» (pues te consagras a ello con una seriedad muy noble) como para que pueda esperar que vayas a hacerte cargo de los pequeños y miserables asuntos burgueses y pecuniarios como hace la gente más práctica. Por ello venero y honro siempre tu opinión, admiro tu espíritu, más aún tu penetrante entendimiento, a menudo incluso esa maravillosa poesía que surge adorablemente en tu modo de ver las cosas; pero en asuntos de carácter *cotidiano*, no te hago caso necesariamente, sino que pregunto a los *entendidos*. La prueba la tendrás con mi muerte, pues verás que he administrado sabiamente mi pequeño capital y que te lo dejaré *aumentado*.[29]

Semejantes comentarios no gustaron al hermano, que en su respuesta del 26 de enero escribió:

> Tus afirmaciones contradicen tu opinión de que soy incompetente tanto para los asuntos prácticos como para los financieros: resulta que has olvidado cómo me he destacado ya en tales cosas y me he sabido desenvolver en *practicis*. Por las hermosas adulaciones que me

has escrito, te obsequiaré con un ejemplar de mi voluminosa obra que aparecerá por Pascua.[30]

Con ello aludía a los asuntos de Frommann y Muhl, que se tratarán más adelante.

En octubre de 1842, Adele se alegró mucho de recibir un retrato de su hermano; seguramente, se trataba de aquel daguerrotipo del 3 de septiembre de 1842 donde el filósofo aparecía de medio cuerpo y con mirada sombría.[31] A finales de 1842, Adele visitó a su hermano; el 24 de diciembre le dio las gracias por su «amable acogida».[32] Sobre otras visitas mutuas de los hermanos no se tiene constancia alguna.

Adele Schopenhauer murió el 25 de agosto de 1849 de cáncer de útero en Bonn; ya no pudo leer la carta que su hermano le había mandado el día 23 del mismo mes:

Querida Adele:
He recibido la carta firmada por ti y me doy cuenta con gran dolor de que en tu lecho de enferma te ocupas de toda una serie de preocupaciones insignificantes, terrenales y ojalá completamente innecesarias. Si eso te tranquiliza, te aseguro que seguiré las indicaciones que me das en tu carta, en caso de que efectivamente, como decimos los budistas, tengas que migrar la existencia. Sin embargo, espero que aún no vaya a ocurrir esto; que el cielo te conceda fuerzas y te guarde es el fehaciente deseo de tu hermano.

Arthur Schopenhauer[33]

Durante años, Schopenhauer trabajó solo por las mañanas y no más de tres o cuatro horas: según comunicó a Arnold Brockhaus en 1858, desde hacía 25 años se atenía al precepto inquebrantable de «escribir algo destinado a la publicación tan solo durante las dos primeras horas de la mañana; pues únicamente entonces la cabeza está en plena forma. Las otras horas del día solo sirven para hacer consultas y lecturas de pasajes seleccionados y demás cosas».[34]

A la una, el filósofo solía ir a comer; a mediodía y a veces también por la noche comía en una fonda, más tarde y hasta su muerte en el Englischer Hof en la modalidad llamada *table d'hôte* (mesa compartida por huéspedes). Wilhelm Gwinner, que conoció a Schopenhauer personalmente en 1847, pero que no lo visitó hasta 1854 y luego lo trató a menudo, escribió que el filósofo había estado abonado toda su vida al restaurante sin haberse acostumbrado nunca a sus desventajas. «El ruido de los huéspedes, el golpeteo de los platos, los camareros torpes le desagradaban enormemente; al final, su sordera lo ayudó a soportarlo.»[35] Por lo demás, amaba «los placeres de la mesa» y sabía «apreciar un buen vino».[36] Sin embargo, parece que el vino lo alteraba con facilidad, «de manera que incluso ya con la segunda copa se animaba bastante». «Por la cerveza sentía una profunda aversión.»[37] Se cuenta la siguiente anécdota sobre el Schopenhauer amante del vino:

Un día fue invitado a la casa del frankfurtés Rothschild. Delante de sus cubiertos, había una batería de copas de todos los tamaños. El filósofo se había comido dos platos de sopa de tortuga con gran placer y se había reclinado en su asiento cuando llegó el criado para servir la botella de vino. Rápidamente, Schopenhauer le presentó una de las copas pequeñas para el vino dulce. El sirviente le dijo: «La copa grande, por favor; la pe-

queña es para servir los delicados vinos generosos».
«Sírvalo tranquilamente», susurró Schopenhauer, «la
copa grande la necesito para cuando lleguen precisamente los vinos dulces.»[38]

Wilhelm Gwinner publicó en 1862 –dos años después de la muerte del filósofo– su libro sobre Arthur
Schopenhauer a partir de su trato personal con él. En
esta obra, que nos acerca a su modo de vida, nos refiere entre otras cosas lo siguiente:

Schopenhauer disfrutaba de un apetito tan grande,
que él mismo lo consideraba uno de sus vicios mayores, que no se molestaba en ocultar cuando estaba entre amigos. Lo consolaba que también Kant y Goethe
habían comido a gusto y que él fuera incluso más me-
surado en la bebida. Le gustaba hablar durante la comida; sin embargo, ante la falta de una compañía adecuada a menudo se limitaba a observar. [...] Acabada la
comida, volvía de inmediato a casa, tomaba su café y
dormía una hora de siesta.* La primera parte de la tarde
la dedicaba a lecturas más bien ligeras. Al atardecer
solía salir. Tenía la costumbre de tomar solitarios caminos rurales; solo cuando el tiempo no acompañaba,
permanecía en los parques que circundaban la ciudad.
Hasta el último año de su vida, mantuvo un modo de
andar ligero, rebosante de juvenil energía. Su cuerpo
estaba siempre en acción y al caminar solía llevar un
bastón, una vara de bambú corta y gruesa, que de cuando en cuando golpeaba fuertemente contra el suelo.

---

* En el original alemán, la palabra *siesta* aparece ya en castellano.
(N. del T.)

Fuera de la ciudad se encendía un cigarro, del cual, sin embargo, solo fumaba la mitad, pues consideraba que la parte húmeda restante debía de ser perjudicial. [...] En la temporada cálida, emprendía algunas excursiones más largas, pero nunca llegaba a pernoctar fuera. Acabó considerando los viajes, que en su juventud le habían causado tanto placer, innecesarios e inadecuados para su edad.[39]

Veía en el ansia moderna por viajar «una verdadera enfermedad de nuestro tiempo» y se burlaba acerbamente del masivo «ir de acá para allá para recuperarse».[40]

Si se tiene presente que Schopenhauer, después de la comida del mediodía, sus paseos al atardecer y, a primera hora de la noche, sus lecturas del *Times* y otros periódicos y revistas en la Casinogesellschaft[*] (en el gabinete de lectura), frecuentaba a menudo el teatro, los conciertos o la ópera, no debe sorprender que con semejante planificación diaria tuviera reservado «poco tiempo para el estudio o para escribir».[41]

Incluso pasados los 60, Schopenhauer todavía gozaba de una «salud inquebrantable», que atribuía a una «sólida constitución» y al hecho de que, hiciera el tiempo que hiciera, fuera de paseo a paso rápido cerca de dos horas diarias y de que durmiera entre

---

[*] Literalmente, «Sociedad del Casino». Los Casinogesellschaften, que surgieron en el siglo XIX en las diferentes ciudades alemanas, eran asociaciones de los representantes masculinos de las clases burguesas altas de la ciudad. Los miembros se reunían en un lugar fijo con el fin de pasar el tiempo libre jugando a las cartas o haciendo otras actividades y comentando entre ellos las novedades y noticias, con lo cual esos círculos sociales se convertían pronto en importantes centros de comunicación. *(N. del T.)*

siete y ocho horas.[42] El 17 de febrero de 1853 escribió a su amigo Julius Frauenstädt lo siguiente:

> El sueño es la fuente de toda salud y el guardián de la vida. Todavía duermo mis ocho horas, casi siempre de un tirón. Debe usted, además, caminar rápidamente una hora y media todos los días, renunciando a entretenimientos sedentarios durante ese tiempo; en verano, hay que bañarse a menudo con agua fría; si se despierta por la noche, no piense en nada serio ni interesante, sino solo en las cosas más variadas y anodinas, pero hágalo en buen latín: he ahí mi truco, *probatum est*; la gramática y la sintaxis nublan los sentidos. En el peor de los casos, hay que echar mano del consejo de Franklin: levantarse, deshacer la cama y deambular un par de minutos en camisón, para luego acostarse otra vez; no suele fallar casi nunca.[43]

Y el 1 de marzo de 1856 comunica al mismo Frauenstädt:

> Si he de contestar la verdad, debo decir que apenas siento el plomo de Saturno, todavía puedo correr tan rápido como un galgo, me encuentro estupendamente, toco casi a diario la flauta, en verano suelo nadar en el Meno, como hice por última vez el 19 de septiembre, no sufro dolencias y mis ojos están igual de bien que cuando era estudiante. Sufro, eso sí, de los oídos, problema que, no obstante, tengo desde joven y constantemente. A consecuencia de una enfermedad que padecí hace 33 años, me quedé prácticamente sordo del oído derecho, mientras que el izquierdo se mantuvo sano: pero ahora, desde hace unos cuatro años, también este último comienza a debilitarse poco a poco.

No se nota en plena conversación, con tal de que tenga a la gente a mi lado izquierdo y cerca y no hablen demasiado bajo: pero en el teatro me resulta muy irritante, incluso cuando me siento justo delante del escenario; ya voy solo a las farsas porque allí se habla fuerte; pronto me veré limitado a la ópera. ¡Es una lástima![44]

Acerca del «plomo de Saturno» hallamos información en el capítulo schopenhaueriano «Sobre las diferentes edades de la vida»:

Ciertamente, la vida de los individuos no viene designada por los planetas, como pretende la astrología; pero sí es el caso de la vida del hombre en general, en tanto que se va sucediendo el influjo de uno y otro planeta sobre cada período de la vida del hombre en cuanto tal, puesto que a cada edad le corresponde, según el orden, un planeta, de modo que su vida se ve determinada sucesivamente por todos los planetas. En el décimo año de vida, reina Mercurio. Igual que este, el hombre se mueve ligero y veloz, en estrechas órbitas: cosas sin importancia ya le hacen cambiar de opinión; pero aprende mucho y fácilmente bajo el dominio del dios de la astucia y la oratoria. A los 20 años, hace su aparición el dominio de Venus: le poseen por completo el amor y las mujeres. En el trigésimo año de vida, reina Marte: el hombre es ahora enérgico, fuerte, temerario, guerrero y porfiado. En el cuadragésimo año, gobiernan los cuatro planetoides: así pues, su vida se ensancha; es *frugi*,* es decir, gracias a Ceres, se dedica a lo provechoso: por obra de Vesta, tiene su

---

* Proviene de *frux, frugis*: «cereal», «mies». *(N. del T.)*

propio hogar; en virtud de Palas, ha aprendido lo que necesita saber, y como Juno gobierna la reina de su hogar, su esposa. En el quincuagésimo año, sin embargo, es dominado por Júpiter. El hombre ya ha sobrepasado en años a la mayoría de las personas y se siente superior a la generación actual. Aún en pleno disfrute de sus fuerzas, es rico en experiencia y conocimientos: (en función de su individualidad y situación) tiene autoridad sobre todos los que lo rodean. Por tanto, ya no quiere recibir órdenes, sino ser él quien las dé. Ahora es cuando resulta más apto para ser el señor y dirigente en su esfera. Así culmina Júpiter y con él el cincuentón. Pero entonces llega, en el sexagésimo año, Saturno, y con él la pesadez, la lentitud y la dureza del plomo. [...] Finalmente, llega Urano: entonces, como se dice, uno va al cielo. A Neptuno (por desgracia, ese es el nombre que le ha dado la ignorancia) aquí no puedo tomarlo en consideración, pues no puedo llamarlo por su verdadero nombre, que es Eros.[45]

Según Wilhelm Gwinner, Schopenhauer llevó gafas hasta la edad adulta.

Más tarde, cuando «ya no tenía que ir en busca de conquistas y sus ojos habían de servirle aún por mucho tiempo», abandonó las gafas y se contentó con usar un *lorgnette*. La fea costumbre de incrustarse un cristal (cuadrado) delante de *uno* de los ojos era para él «una prueba específica del carácter absurdo de los bípedos».[46]

A los 70 años, Schopenhauer no sentía aún «la pesadez, lentitud y dureza del plomo» de Saturno, sino que se enorgullecía de su buena salud. No obstante, los primeros años de la década de los 70 se le antojaban «los más peligrosos de la vejez», y una vez que felizmente quedaran atrás, pensaba, los siguientes serían más fáciles de vivir.

> Antes creía que tenía que ser longevo por sus enemigos; pero ahora le gustaba vivir para disfrutar del reconocimiento que se le otorgaba en todas partes, incluso en los lugares más apartados.[47]

El filósofo vivía de las rentas de su herencia «muy cómoda y convenientemente»; además, en sus últimos años de vida, las nuevas ediciones de sus obras, para las que anteriormente apenas había encontrado editores incluso que nada le pagaban por su publicación, le aportaban entonces sumas considerables de dinero, de manera que acabó convirtiéndose en un auténtico «hombre adinerado».[48] Manfred Wagner, en su trabajo sobre el filósofo y acerca de su relación con el dinero, publicado en el *Schopenhauer-Jahrbuch* de 2008, ha calculado que la herencia de Schopenhauer, que se elevaba a más de 21 000 táleros o 31 500 gúldenes, corresponde actualmente a 1,3 o 1,5 millones de euros, una cantidad increíble para este gran Jeremías.[49] ¿Quién no recordará aquí aquel ordinario refrán suizo: «Con los bolsillos llenos no importa si se apesta...?».

(Franco Volpi en su introducción a la obra de Schopenhauer *El arte de tratar con las mujeres* lo ha expresado de manera algo más distinguida; según él, Schopenhauer en lo concerniente a sus relaciones con las mujeres, pese a su declarada misoginia y su alabanza filosófica de la vida ascética, sentía inclinación por la «pasión horizontal» y no renunció de manera alguna a «los placeres de la carne». «En pocas palabras: aunque predicaba el agua, prefería el vino.»)[50]

El filósofo se afanaba mucho en la conservación del patrimonio que había heredado y adquirido. Sobre eso escribe en sus *Aforismos sobre el arte de saber vivir* lo siguiente:

> Es una ventaja incalculable poseer en cuanto a bienes domésticos tanto cuanto sea necesario para vivir cómodamente, aunque solo sea para sí mismo y sin tener familia, con verdadera independencia, a saber, sin la obligación de trabajar: he aquí la exención [liberación] y la inmunidad a la necesidad y molestia inherentes a la vida humana, esto es, la emancipación de la obligada servidumbre general, de ese destino natural de los hijos de la tierra. Solo bajo este favor del destino puede uno haber nacido en verdad libre, pues únicamente así uno será *sui juris*, dueño de su tiempo y sus fuerzas, y cada mañana puede decirse a sí mismo: el día me pertenece.[51]

Según Wagner, la herencia de Schopenhauer en cualquier caso era «suficiente» para poder vivir de sus rentas verdaderamente bien durante toda la vida.

> Dado que, en vista de su situación financiera, el modo de vivir de Schopenhauer era más bien modesto y que el filósofo supo administrar inteligentemente su herencia y protegerla con insistencia contra todas las vicisitudes, al final de su vida su patrimonio había aumentado de forma considerable.[52]

De qué manera Schopenhauer defendió «con uñas y dientes» su herencia paterna, que la madre había hecho peligrar sin su consentimiento, lo muestran sus asuntos con el librero editor Carl Friedrich Ernst

Frommann (1765-1837) en Jena respecto a pagarés y letras de cambio —«un negocio desagradable»—, así como también el «caso» concerniente a la casa comercial de Ludwig Abraham Muhl & compañía, de Danzig.[53]

Según parece, en 1810 Johanna Schopenhauer había prestado a Frommann un pagaré que pertenecía a su hijo Arthur, sin el consentimiento de este, para ayudar a su amigo «a salir de un gran apuro económico».[54] En 1814, la madre quiso separarse de manera definitiva de su hijo; le escribió probablemente el 17 de mayo:

La puerta que ayer cerraste tan fuertemente después de tu escandaloso comportamiento con tu madre se interpondrá para siempre entre nosotros. Ya me he cansado de soportar tu comportamiento; me voy al campo y no volveré a casa hasta que no sepa que estás fuera de ella. He de pensar en mi salud, pues otra actuación como la de ayer me causaría un ataque que podría costarme la vida. Desconoces por completo lo que es el corazón de una madre: cuanto más amor ha sentido, con tanta mayor intensidad sufre por cada golpe que le da la mano antes querida. No ha sido Müller —te lo juro aquí ante Dios, en quien creo— quien te ha apartado de mí, sino tú mismo, tu desconfianza, los reproches que haces respecto a mi vida y la elección de mis amistades, tu despectiva actitud frente a mí, el desprecio que muestras por mi género, tu declarado rechazo a hacer algo que pueda alegrarme, tu avaricia, tu mal carácter que dejas salir sin el menor respeto a mi presencia, estas y muchas cosas más hacen que me parezcas muy malvado, todo ello nos separa, si no para siempre, sí al menos para todo el tiempo necesario hasta que vuelvas a mí arrepentido y corregido; entonces te aceptaré benévola: si sigues siendo como eres ahora, no querré volver a verte nunca más.[55]

El 24 de noviembre de 1814, sin embargo, se reanudó la correspondencia, pero en ella solo se trataron temas relacionados con el dinero y la herencia, así como con las tierras de los Schopenhauer en Danzig:

> Consiento en reanudar nuestra correspondencia, como has propuesto, con tal de que cumplas tu promesa de no decirme nada desagradable, pues mi salud exige que me cuide, si no quiero que de repente me dé un ataque que me saque de este mundo, un ataque que cualquier sentimiento de profunda ira podría provocarme; tengo pruebas de ello, de las que no te hablo por consideración. Veo con claridad que ya no soy la misma que era hace apenas un año. La muerte no me preocupa, pero quisiera vivir aún algunos años más por Adele y me aproximo ahora a una edad en que la mayoría de las mujeres mueren, cosa que no necesito explicarte a ti, que antaño estudiaste medicina. Escríbeme tan solo cuando sea necesario, y ahora mismo, me parece, no es el caso. Lo que me cuente Adele me basta. También te escribiré cuando sea necesario. Que vivas bien y felizmente.[56]

El 5 de marzo de 1817, la madre escribió a su hijo desde Weimar:

> En tu penúltima carta, te permitiste un tono contra mí que me llevó a la decisión de no desperdiciar ninguna gota de tinta más en ti. Sin embargo, después de tu

carta del día 28, con todo hoy he vuelto a escribirte; pero que sepas que como vuelva a leer unas líneas tuyas como aquellas, devolveré todas tus cartas al correo sin abrirlas. Considero que al menos puedo esperar de tu parte buena educación y respeto. En todo caso, solo quiero recibir cartas tuyas cuando sea estrictamente necesario.[57]

Con una misiva fechada el 17 de mayo de 1818 –Schopenhauer tenía entonces 30 años– se interrumpió el intercambio epistolar con la madre hasta 1832. La correspondencia entre los hermanos se suspendió a comienzos de 1820 y prosigió nuevamente en 1831. Friedrich Gotthilf Osann (1794-1858), viejo amigo de Schopenhauer que vivió en Jena entre 1821 y 1825 y que «mantuvo una relación» con Adele Schopenhauer, tampoco pudo solventar «el abismo abierto entre los hermanos».[58]

Su madre y su hermana habían invertido su fortuna en la firma Muhl de Danzig, y Schopenhauer mismo había depositado allí 8 000 táleros; esta casa comercial cayó en la bancarrota en 1819 y se declaró insolvente.[59] Schopenhauer se enteró de esta mala noticia a través de su hermana; Adele le escribió desde Weimar el 28 de mayo de 1819: «Quizá recibas esta carta dos días después de la otra –en estos dos días se ha trastornado por completo mi vida material; *Muhl* se ha hundido».[60] Las subsiguientes «disputas en torno al derecho patrimonial» tuvieron como consecuencia que «la madre y la hermana perdieran el setenta por ciento de todo su patrimonio», mientras que el hijo recuperó poco a poco la totalidad de su parte.[61] Mucho más tarde, en 1832, Adele escribió:

Mi padre me dejó bajo la tutela natural de mi madre. Por tanto, en 1819 no era aún mayor de edad cuando *toda mi fortuna sin hipoteca* fue encomendada a Muhl, cosa que pasó durante mi infancia, y cuando en 1819 se perdió, *con excepción del treinta por ciento*, yo era *jurídicamente menor de edad*.[62]

En una carta del 20 de abril de 1822, Schopenhauer informó a su «amigo de juventud» Osann de su éxito en el asunto de Muhl:

Primero que todo he de decirle que los serios planes, lentamente madurados, para recuperar mis tesoros robados, de los que le hablé a usted en momentos de amistoso esparcimiento, han fructificado por completo: todo se desarrolló exactamente según mis cálculos; los bienes antes transformados en papel para encender la pipa han vuelto a su estado original y han resucitado floreciendo con la esplendorosa abundancia de los intereses legales vencidos que tanto tiempo habían guardado ocultos en su seno. ¡Oh amigo, qué espectáculo! Me digo: «Tan solo hay que saber comportarse adecuadamente», y me ajusto el nudo de la corbata.[63]

Ya en 1815, la madre del filósofo había escrito a Frommann que su hijo era el más desconfiado y suspicaz de todos los hombres y «además muy avaricioso».[64] Lo había desheredado ya tres veces, la primera en 1823, luego en 1830 y de nuevo poco antes de su muerte en 1837 −según Schopenhauer para beneficio de su hermana, Adele.[65]

En mayo de 1815, Schopenhauer todavía había escrito a Frommann admitiendo que carecía por completo de «conocimiento, prudencia y experiencia en asuntos pecuniarios».[66] Pero en el momento culminante de la lucha por su dinero, le espetó seis años más tarde (el 1 de mayo de 1821) a Abraham Ludwig Muhl esta magnífica frase con la que desautorizó de hecho aquella afirmación: «Ya ve usted que bien se puede ser un filósofo sin ser por ello un bufón.»[67]

Ludger Lütkehaus define con acierto el sentido de los negocios y la tenacidad del filósofo en su introducción al epistolario familiar *Die Schopenhauers* [Los Schopenhauer]:

> Pocas veces habrá sido tan completamente rebatido el prejuicio habitual según el cual los filósofos por su profesión de por sí no saben calcular, que la nobleza del espíritu no encaja con los bajos fondos de los negocios y que en todo caso los órdenes mayores [filosóficos] solo se consiguen mediante una llamativa incapacidad para los asuntos cotidianos.[68]

***

Sobre el aspecto exterior de Schopenhauer en torno a 1846, el poeta y escritor Hermann Rollett (1819-1904) cuenta en sus *Begegnungen* [Encuentros]:

> A menudo, me viene el vivo recuerdo de un estrafalario compañero de mesa en la fonda Zum Schwan en Frankfurt del Meno, que yo también frecuentaba durante el verano de 1846. Era un hombre de constitución delicada y –pese a un corte algo anticuado– bien vestido, de estatura mediana, con cabello corto y plateado, con patillas cortadas casi a modo de un militar y, por lo demás, siempre correctamente afeitado, de rostro sonrosado y de ojos claros y azulados, casi siempre de gesto complacido y extraordinariamente refle-

xivos. Su rostro, no exactamente bello, pero sí inteligente, tenía muy a menudo una expresión irónica. Pero mostraba, por lo común, un carácter reservado y, cuando se expresaba, lo hacía de manera algo barroca, con lo cual daba a diario no poco material para las bromas fáciles de una parte jocosa de los comensales, que, por lo demás, eran decentes aunque muy desiguales en cuanto a sus cualidades espirituales. Y así este hombre a la vez raro y amargado, pero en realidad inofensivo, bueno pero malhumorado, se convirtió en el hazmerreír de la tertulia de algunos vulgares vividores, que acostumbraban tomarle el pelo, aunque ciertamente no de forma malvada. [...] Y si bien dentro de la comensalía de esta fonda yo era, por lo general, el segundo de sus compañeros de mesa, no puedo decir en modo alguno que formara parte de sus conocidos más cercanos. Él estaba, pese a la necesidad de comer siempre en compañía, bastante reconcentrado en sí mismo y opté por no intentar acercarme de manera indebida a quien prefería tan claramente no ser molestado. [...] No obstante, siempre le dispensé el mayor respeto y a veces me reía con él de los torpes comensales que se burlaban de su frac azul oscuro de los años veinte con botones dorados, y de sus pantalones estrechos de Nanking; de su chalina de blancura siempre cegadora y de sus camisas de chorreras tan cuidadas, así como de sus expresiones, que a veces parecían muy enrevesadas.[69]

En 1855, el artista francés Jules Lunteschütz (1822-1893) pintó el primer óleo de Schopenhauer, un retrato de medio cuerpo y tamaño natural. A este respecto, el filósofo escribió a su amigo Julius Frauenstädt el 23 de diciembre de 1855:

Mi aspecto no ha cambiado mucho desde 1847; yo, Emden, Kilzer, Gwinner y mi sirvienta estamos de acuerdo en que la pintura de Lunteschütz no tiene el parecido propio, sino un *faux air* [un falso aire]; de ahí que el gran público y otros muchos aquí mismo lo encuentren muy parecido.[70]

En sus *Notizen über mein Leben* [Apuntes sobre mi vida], Schopenhauer escribió a finales de mayo de 1851:

He tenido la suerte de poder vivir en completa independencia y con el disfrute ilimitado de mi tiempo y mis capacidades, como era necesario para los variados estudios y la elasticidad y libertad de espíritu que requería la realización de mis obras.[71]

Schopenhauer mencionó en *Einige Bemerkungen über meine eigene Philosophie* [Algunas observaciones sobre mi propia filosofía]: «He sufrido muchos reproches según los cuales yo, filosofando, es decir, de forma meramente teórica, he representado la vida de manera miserable y en modo alguno deseable».[72] «Pero en lo que se refiere a la vida del individuo, cada historia vital es una historia de dolor», leemos en *Die Welt als Wille und Vorstellung [El mundo como voluntad y representación]*.[73] Según el filósofo, la historia de la vida de cada hombre está así atrapada entre el dolor y el aburrimiento y se mantiene en movimiento por el hambre y la atracción sexual.[74] «La mirada retrospectiva a nuestra vida no nos reporta nunca pleno placer. O bien vemos dolor; o bien placeres que no disfrutamos; o bien goces que no llegamos a conocer.»[75]

Sufrimiento, dolor, aburrimiento, hambre y la vanidad de la vida: ante la vida real del filósofo, estos conceptos parecen muy teóricos.[76] Estaba convencido de que el «acto de conocer puro y exento de voluntad» era «efectivamente la única dicha pura» y el conocimiento, el lado más agradable de la vida y el único inocente.[77] Pero se plantea la pregunta de si Schopenhauer, al contemplar su vida retrospectivamente y analizarla con respecto a su «vanidad» para su propia persona y en un plano práctico, no debería haber llegado a una comprensión bien distinta.

Ernst Ziegler

DE LAS DIFERENCIAS ENTRE
LAS DISTINTAS EDADES DE LA VIDA

Por consiguiente, ya en la infancia se asientan las só-
lidas bases de nuestra concepción del mundo y, por
tanto, también la superficialidad o profundidad de la
misma: después se desarrollará y se perfeccionará; sin
embargo, no se modificará en lo esencial. [...]

De ahí que tanto nuestro valor moral como intelectual no entre desde fuera hacia nuestro interior, sino
que surja desde lo más profundo de nuestro propio
ser, y ninguna pedagogía pestalozziana puede hacer
que uno que ha nacido tonto se convierta en un
hombre pensador: ¡jamás! Tonto nació y tonto ha de
morir. [...]

Cuando somos jóvenes, pensamos que los acontecimientos importantes y de mayor repercusión en nuestra vida harán su entrada con tambores y trompetas;
una mirada retrospectiva en la vejez muestra, sin
embargo, que aquellos entraron con total tranquilidad
por la puerta de atrás y casi sin llamar la atención.

De acuerdo con el modo de ver aquí expuesto,
uno puede, además, comparar la vida con una tela
bordada, de la cual cada uno viera en la primera mitad de su existencia el anverso y en la segunda el re-
verso: este no es tan hermoso, pero ciertamente más
ilustrativo, porque deja ver la trama de los hilos entre
sí. [...]

Cualquier hombre excelente, cualquiera que no pertenezca a esas cinco sextas partes de la humanidad tan tristemente dotadas, una vez pasados los 40 años difícilmente podrá verse libre de cierto asomo de misantropía. Pues, como es natural, tras haber juzgado por sí mismo a los demás y haberse visto progresivamente decepcionado, se ha dado cuenta de que le quedan muy por detrás, ya sea en cuanto a la inteligencia ya sea en cuanto al corazón, muy a menudo incluso ambas cosas, y que nunca se avendrán con él; razón por la cual evitará tratar con ellos, tal como, en todo caso, cada uno, según la medida de su propio valor, amará u odiará la soledad, es decir, el trato consigo mismo. [...]

Mientras somos jóvenes, se nos diga lo que se nos diga, pensamos en la vida como en algo infinito y tratamos el tiempo en consecuencia. Pero conforme nos hacemos mayores, tanto más economizamos nuestro tiempo. Pues a una edad tardía, cada día que pasa despierta una sensación semejante a la que siente un delincuente a quien lo llevan paso a paso ante el tribunal.

Desde el punto de vista de la juventud, la vida se presenta como un largo e interminable futuro; pero contemplada desde la vejez, no parece sino un pasado muy corto. Así, al principio, la vida se nos representa como cuando colocamos delante de nuestros ojos la lente del objetivo de unos prismáticos de ópera, y más tarde como cuando nos ponemos el ocular. Hay que haberse hecho viejo, es decir, haber vivido bastante tiempo, para darse cuenta de cuán corta es la vida. El tiempo mismo, en nuestra juventud, pasa de manera mucho más sosegada y, por tanto, el primer cuarto de nuestra vida no solo es el más feliz, sino también el que más lento transcurre, de modo que genera mucho más recuerdos, y cualquiera, si tuviese que hacerlo, sabría contar más cosas de ese período que de dos de los siguientes. E incluso, como pasa durante el año con la primavera, de igual manera en la flor de la vida los días terminan siendo de una duración enojosa. En otoño tanto del año como de la vida se vuelven cortos, si bien más amenos y estables. Cuando la vida se acaba, uno no sabe adónde se ha ido. [...]

Cuanto más tiempo vivimos, son menos los asuntos que nos parecen importantes o lo bastante significativos como para que luego sigamos meditando sobre ellos y de esta manera se fijen en la memoria: por tanto, los olvidamos en cuanto han pasado. Y así discurre el tiempo, dejando cada vez menos huella. [...] Igual que al navegar los objetos que están en la orilla se vuelven cada vez más pequeños, irreconocibles y difíciles de discernir, así también los años que han pasado, con sus vivencias y acontecimientos. A eso se añade que de vez en cuando el recuerdo y la fantasía nos traen a la presencia una escena largo tiempo pasada de manera tan vívida como el día de ayer; y de esta forma nos resulta muy próxima. [...]

Conforme uno se hace mayor, vive con menos conciencia de las cosas. Todo pasa velozmente, sin dejar impresión alguna; como ninguna deja la obra de arte que hemos contemplado mil veces: uno hace lo que tiene que hacer y después no sabe si lo ha hecho. En la medida en que la vida se vuelve, pues, cada vez más inconsciente, en que se va acercando a la total inconsciencia, su paso se va haciendo precisamente cada vez más rápido. [...] Las horas del muchacho duran más que los días del anciano. Por tanto, el tiempo de nuestra vida se halla en un movimiento acelerado, como el de una bola que rueda pendiente abajo; e igual que en un disco que gira cada punto se mueve más rápido cuanto más dista del centro, de la misma manera transcurre el tiempo cada vez más veloz para cada uno en función de la distancia que lo separe de sus primeros años. [...] El tiempo nos parecerá siempre demasiado corto y los días pasan veloces como flechas. Entiéndase que hablo de seres humanos, no de ganado envejecido. Debido a esta aceleración del paso del tiempo, en los años tardíos el aburrimiento por lo general acaba desapareciendo; y como a su vez también enmudecen las pasiones con las inquietudes que les son propias, si uno ha conservado la salud, considerándolo todo, el peso de la existencia ciertamente se hace menor que en la juventud: de ahí que se denomine «los mejores años» a la época que precede a la aparición de las debilidades y las dolencias que acompañan a una vejez mayor. Con respecto a nuestro bienestar, bien podría ser realmente así: en cambio, los años de juventud −durante los cuales todo nos causa impresión y cualquier cosa deja su huella vivamente en nuestra conciencia− tienen el privilegio de ser la época de inspiración fructífera para el espíritu, su primavera portadora de flores. [...]

En la juventud domina la intuición, en la madurez el pensamiento: de ahí que aquella sea la edad de la poesía; y esta la de la filosofía. También en el plano práctico, en la juventud uno se deja guiar por lo intuido y la impresión que causa, mientras que en la madurez solo por el pensamiento. [...] La mayor energía y la máxima tensión de las fuerzas del espíritu tienen lugar, sin duda alguna, durante la juventud, como muy tarde hasta el trigésimo quinto año de vida: a partir de ese momento, comienzan a decrecer, aunque sea muy lentamente. Sin embargo, los años subsiguientes e incluso los de la madurez no trascurren sin una compensación espiritual. La experiencia y el conocimiento solo entonces se han hecho propiamente ricos: se ha tenido tiempo y ocasión de contemplar y considerar las cosas desde todos los puntos de vista, se ha confrontado cada cosa con otra y hallado puntos de contacto y relaciones entre ellas, de manera que solo ahora se entienden debidamente en su conjunto. Todo se ha aclarado. [...]

Solo el que se hace viejo alcanza a representarse la vida de manera completa y adecuada, puesto que la contempla en su totalidad y curso natural y, sobre todo, no, como hacen los demás, única y exclusivamente desde su punto de partida, sino también desde su punto de llegada, razón por la cual reconoce en particular a la perfección su completa vanidad, mientras que el resto de hombres siguen atrapados en el delirio de que lo mejor todavía está por llegar. [...]

Aun así, la juventud sigue siendo la raíz del árbol del conocimiento, aunque solo la copa tenga frutos. Pero como toda época, incluida la más desventurada, se considera a sí misma más sabia que la inmediatamente anterior y que las demás, así también le sucede a cada edad del hombre; pero ambas cosas a menudo están equivocadas. En los años del crecimiento corporal, en los que también aumentan nuestras fuerzas espirituales y nuestros conocimientos día a día, el hoy acostumbra a contemplar el ayer con desprecio. Esta costumbre echa raíces y permanece también cuando las fuerzas del espíritu han entrado en decadencia y el hoy, más bien, tendría que mirar con devoción al ayer; de ahí que con frecuencia valoremos demasiado poco tanto los logros como las opiniones que tuvimos en nuestra juventud. [...]

En un sentido más amplio, también podría decirse que los primeros 40 años de nuestra vida nos proporcionan el texto, los siguientes 30 el comentario, que es el que nos permite captar el verdadero sentido y la coherencia del texto en su conjunto, además de los aspectos morales y demás sutilezas del mismo.

Hacia el final de la vida sucede lo que acontece al término de un baile de máscaras, cuando caen los antifaces. Entonces uno ve al fin quiénes eran realmente aquellos con los que había tenido relación a lo largo de su vida, pues los caracteres han salido a la luz, los hechos han dado sus frutos, los logros han obtenido su justa valoración y todas las falsas ilusiones han desaparecido. Es decir, todo ello ha necesitado de su tiempo. [...]

Pero lo cierto es que, desde una visión general y al margen de todos los estados y circunstancias individuales, a la juventud le es propia una determinada melancolía y tristeza, mientras que a la vejez le es propia cierta jovialidad: la razón que lo explica es que la juventud se encuentra todavía bajo el yugo y la servidumbre de aquel demonio que apenas la libera un instante y que es el causante directo e indirecto de todo mal que aflija o amenace al hombre. La vejez, sin embargo, tiene la alegría propia de quien se ha librado de una cadena arrastrada largo tiempo y ahora se mueve libremente. Por otro lado, empero, podría decirse que tras la extinción del impulso sexual se ha consumado el núcleo propiamente dicho de la vida y que tan solo queda la cáscara de la misma o que esta se asemeja a una comedia que fuera iniciada por personas, pero concluida finalmente por marionetas vestidas con sus ropas.

Sea como fuere, la juventud es la edad de la intranquilidad, la vejez la de la calma: ya de ahí se deducen sus placeres respectivos. El niño extiende solícito sus manos hacia todo lo que ve tan colorido y variopinto: se ve excitado por ello, pues su *sensorium* [capacidad perceptiva] es aún muy fresco y joven. Lo mismo le ocurre, con una energía aún mayor, al joven. También él se ve excitado por el colorido mundo y sus variados objetos: de inmediato, su fantasía inventa más de lo que el mundo puede de verdad ofrecer. De ahí que esté lleno de deseo y añoranza de lo indeterminado, cosa que le roba la calma, sin la cual no hay felicidad. Y mientras que el joven piensa que en el mundo hay cosas extraordinarias que pueden conseguirse con tal de saber dónde encontrarlas, el anciano está imbuido ya de la máxima del *Kohelet* «Todo es vanidad» [Eclesiastés 1,14] y sabe que todas las nueces están vacías por muy doradas que sean. Pues en la vejez todo eso ya ha quedado atrás; en parte, porque la sangre se ha enfriado más y la excitabilidad del *sensorium* se ha hecho menor y en parte, porque la experiencia de la vida ha ilustrado al hombre mayor sobre el sentido de las cosas y el valor de los placeres, de manera que se ha visto progresivamente liberado de las ilusiones, quimeras y prejuicios que antaño ocultaban y deformaban la visión libre y pura de las cosas. Así que ahora todo se reconoce más correcta y claramente y se toma cada cosa por lo que realmente es y, en mayor o menor medida, se llega a comprender la vanidad de todos los asuntos mundanos. Esta es la razón de que las personas mayores, incluso las de talentos más comunes, tengan cierto aire de sabiduría, que las distingue de las más jóvenes. Pero fundamentalmente todo lo dicho lo ha llevado a la calma espiritual y esta es un importante componente de la felicidad, cuando no la condición y esencia de la misma. [...]

Ciertamente, a una edad más avanzada también las fuerzas del espíritu decrecen: pero allá donde hubo mucho, siempre quedará lo bastante para combatir el tedio. Luego sigue aumentando, como se ha dicho antes, la correcta comprensión de las cosas mediante la experiencia, el conocimiento, la práctica y la reflexión. El juicio se agudiza y la conexión de las cosas aparece más clara; se gana, en todos los campos, una visión de conjunto sintetizadora. Así pues, mediante combinaciones siempre nuevas de los conocimientos acumulados y el enriquecimiento ocasional de los mismos, la propia educación más íntima de uno sigue su curso en todos los aspectos, apacigua, satisface y premia el espíritu. Con todo ello se compensa en cierto grado el aludido decaimiento. Además, como se ha dicho, el tiempo va mucho más deprisa a una edad más avanzada, lo que contrarresta el aburrimiento. La reducción de las fuerzas corporales no es muy grave, con tal de que no las necesitemos para ganarnos la vida. La pobreza en la vejez es una gran desgracia. Pero si se ha podido evitar y se mantiene buena salud, entonces la vejez puede ser una parte muy llevadera de la vida. Sus principales necesidades son la comodidad y la seguridad: de ahí que en la vejez se sienta aún más predilección que antes por el dinero, pues es la compensación de las fuerzas faltantes. Abandonado por Venus, uno buscará gustoso distraerse con Baco. En lugar de la necesidad de ver, viajar y aprender, hará su aparición la de enseñar y hablar. Sin embargo, es una suerte si al anciano todavía le queda el amor por el estudio, también por la música, el teatro y, en definitiva, cierta receptividad por lo exterior, como, ciertamente, continúa siendo el caso de algunos hasta la edad más provecta.

Solo a una edad avanzada alcanza el hombre por completo el horaciano *nil admirari* [«no sorprenderse de nada», Horacio, *Epistulae* I, 6], es decir, la convicción inmediata, sincera y sólida sobre la vanidad de la totalidad de las cosas y la inconsistencia de las maravillas del mundo: las quimeras han desaparecido. Ya no cree que en alguna parte, ya sea en un palacio o en una choza, exista una dicha particular, mayor de la que en esencia disfruta también él en todas partes si está libre de dolor físico o espiritual. Para él, las cosas que a ojos del mundo son grandes o pequeñas, ricas o humildes, no merecen en realidad ya distinción alguna. Esto da al anciano una paz especial, gracias a la cual desdeña sonriendo todas las bufonadas mundanas. Ya está completamente desengañado y sabe bien que la vida humana, por más que uno se empeñe en adornarla y engalanarla, pronto, sin embargo, aparecerá en toda su mezquindad por entre esos adornos de feria y, por mucho que uno quiera colorearla y decorarla, es siempre la misma en lo esencial, una existencia cuya verdadera valía hay que ponderar solo por la ausencia de dolor y no por la presencia de placeres y mucho menos de lujos.

El rasgo característico y fundamental de la vejez es el desengaño: han desaparecido aquellas ilusiones que hasta entonces habían hecho atractiva la vida y dado estímulo a la acción; uno ha acabado reconociendo la nadería y vacuidad de todas las maravillas del mundo, en especial del lujo, la pompa y la aparente grandeza; uno ha descubierto que detrás de la mayoría de las cosas deseadas y los goces aspirados no se esconde gran cosa y así ha llegado gradualmente a comprender la enorme pobreza y vacuidad de toda nuestra existencia. Solo a los 70 años comprende uno del todo el primer verso de *Kohelet* [Eclesiastés 1,2: «Vanidad de vanidades, todo es vanidad»]. Pero esto es asimismo lo que otorga a la vejez cierto toque de tristeza. Lo que «uno es para sí mismo» nunca adquiere tanto valor que cuando se llega a viejo.

Sin embargo, la mayoría de personas, que han sido siempre escasas de entendederas, se convierten en la vejez cada vez más en autómatas: piensan, dicen y hacen siempre lo mismo y ninguna impresión exterior logrará jamás cambiar algo o sacar algo nuevo de ellos. Hablar con tales ancianos es igual que escribir en la arena: la impresión se borra casi inmediatamente. Una vejez semejante es, desde luego, tan solo el *caput mortuum* [cabeza, escoria muerta]* de la vida. Parece

---

* Término alquímico, residuo resultante de la destilación. *(N. del T.)*

que la naturaleza quiere simbolizar la entrada en una segunda infancia a la edad más avanzada mediante la aparición de una tercera dentición, si bien esto no ocurre sino raras veces.

La progresiva desaparición de las fuerzas conforme avanza la edad es, ciertamente, muy lamentable: sin embargo, es algo necesario e incluso benéfico, pues, de lo contrario, la muerte, para la cual la vejez nos prepara, nos resultaría demasiado difícil de asumir. De ahí que el sumo beneficio al que uno pueda aspirar en una edad muy avanzada sea la eutanasia, es decir, una buena muerte altamente fácil, que no se vea precedida por enfermedad alguna ni acompañada por ninguna convulsión y que apenas se sienta. [...]

La diferencia básica entre la juventud y la vejez consiste en que aquella tiene ante sí la perspectiva de la vida y esta la de la muerte; que, por tanto, aquella posee un breve pasado y un amplio futuro, y esta al revés. La vida en los años de la vejez se asemeja al quinto acto de una tragedia: se sabe que un desenlace trágico se avecina, pero aún no se sabe cómo será. Ciertamente, cuando se es mayor, ya solo se tiene la muerte ante sí; pero cuando se es joven, se tiene la vida por delante y uno se pregunta, en último término, cuál de las dos cosas será más preocupante y si, visto en general, no será la vida algo que es mejor tener a nuestras espaldas que delante de nosotros. Ya lo dice *Kohelet* (7,2): «El día de la muerte es mejor que el día del nacimiento». Querer poseer una vida larga es, en cualquier caso, un deseo temerario.[1]

ANTOLOGÍA

La vida puede definirse como el estado de un cuerpo en el que este, pese al constante cambio de la materia, mantiene en cada momento su forma esencial (sustancial).[1]

Que el nacimiento y la muerte han de entenderse como pertenecientes a la vida y sustanciales para la manifestación de la voluntad se deduce también por el hecho de que ambos se nos presentan como expresiones más potentes y elevadas de cuanto constituye, por lo demás, el resto de la vida. Pues a carta cabal esto no es otra cosa que un constante cambio de la materia bajo la firme permanencia de la forma, y precisamente ello conforma el carácter perecedero de los individuos enmarcado dentro de lo imperecedero de la especie. La constante alimentación y reproducción se distingue únicamente por una cuestión de gradación de la procreación, al igual que solo en cuanto a gradación se distingue la excreción [segregación] de la muerte.[2]

Pero precisamente queremos considerar la vida filosóficamente, a saber, en función de sus ideas; y entonces veremos que ni la voluntad, la cosa en sí en todas sus manifestaciones, ni el sujeto del conocimiento, el observador de todos los fenómenos, se ven afectados de manera alguna por el nacimiento o la muerte. Nacimiento y muerte son algo característico del fenómeno de la voluntad, es decir, de la vida, y es esencial para ella el hecho de poder manifestarse mediante individuos que nazcan y mueran en cuanto figuras efímeras, surgidas como formas temporales, representantes de aquello que en sí no conoce temporalidad alguna, aunque precisamente haya de representarse así para lograr objetivar su propia esencia.[3]

Igual que las vaporizadas gotas de la rugiente cascada cambian a la velocidad del relámpago, mientras que el arco iris, del cual son portadoras, se mantiene con calma imperturbable y del todo inalterado a pesar de esta agitación permanente, así permanece cada idea, es decir, cada especie de los seres vivos, completamente inafectada por el constante cambio experimentado por sus individuos. Pero es en la idea, o la especie, donde la voluntad de vivir hunde realmente sus raíces y se manifiesta: de ahí que su duración sea lo único que a la voluntad le importe de verdad. Por ejemplo, los leones que nacen y mueren son como las gotas de la cascada; pero la *leonitas*, la idea o forma del león, es como el inconmovible arco iris que se tiende encima de ella. De ahí que Platón concediera únicamente a las ideas, es decir, a las *species*, a las especies, un ser en sentido propio, mientras que a los individuos tan solo una inagotable sucesión de nacimientos y muertes. De la profunda convicción de su carácter imperecedero nace en realidad también la seguridad y tranquilidad de ánimo con las que cada individuo animal y asimismo humano anda despreocupado por entre un mar de escollos azarosos que podrían exterminarlo en cualquier momento y, además, justo en dirección a la muerte. En sus ojos brilla entretanto la tranquilidad propia de la especie, pues en calidad de especie ninguna extinción lo afecta ni le incumbe realmente. Esta clase de tranquilidad no podrían proporcionársela al hombre los dogmas cambiantes e inseguros.[4]

¿Cómo puede alguien, al contemplar la muerte de un ser humano o animal, suponer que una cosa en sí misma quede convertida en nada? Que más bien encuentra su final tan solo un fenómeno en el tiempo, esa forma de todos los fenómenos, sin que la cosa en sí misma se vea afectada: esto es un conocimiento intuitivo inmediato en cada hombre. De ahí que, en todos los tiempos, el ser humano se haya esforzado por expresar esta idea de las formas más variadas y con las fórmulas más diversas, las cuales, no obstante, derivadas del fenómeno, en su sentido más íntimo todas ellas se refieren a este mismo. [...]

A medida en que uno se hace más consciente de la caducidad, insignificancia y consistencia onírica de todas las cosas, tanto más claramente será consciente de la eternidad de su ser interior; pues en realidad solo mediante el contraste de este con la naturaleza de las cosas nos daremos cuenta de dicha consistencia, de igual manera que uno se da cuenta del raudo movimiento de un barco únicamente cuando fija la vista en tierra firme y no cuando solo se fija en el mismo barco.[5]

Pues, para mí la conciencia nunca se ha presentado como causa, sino siempre como producto y resultado de la vida orgánica, en cuanto que a lo largo de la misma se eleva y desciende, es decir, durante las diferentes edades de la vida, en la salud y la enfermedad, en el sueño, el desmayo, el despertar, etcétera;

o sea, siempre se presenta como efecto, nunca como causa de la vida orgánica, siempre se muestra como algo que aparece y muere y reaparece, mientras se den las condiciones adecuadas para ello, pero fuera de eso no.[6]

En definitiva, hay que hacer constar en este lugar que, si bien, al igual que el carácter humano –o corazón–, el intelecto –o cabeza–, según sus cualidades básicas, sea algo innato, este, sin embargo, de modo alguno permanece tan inalterado como aquel, sino que está sujeto a no pocas modificaciones, que incluso, en su conjunto, hacen su aparición de manera regular, puesto que se basan en parte en que el intelecto tiene un fundamento físico y en parte en que posee un material empírico. Así, la fuerza que le es propia experimenta un crecimiento gradual, hasta llegar a la *akme* o culminación, y después una progresiva decadencia, hasta la imbecilidad. Ahora bien, resulta que, por otro lado, el material que mantiene todas estas fuerzas ocupadas y activas, es decir, el contenido del pensar y del saber, la experiencia, los conocimientos, la práctica y por ello la perfección de la comprensión, representa una magnitud en constante crecimiento, aproximadamente hasta la aparición de las distintas debilidades, que hace que todo decaiga. El hecho de que el hombre se componga, por una parte, de algo en sí inalterable y, por otra, de algo que es regularmente alterable de dos maneras distintas y opuestas a la vez entre sí explica la desigualdad de su apariencia y su valor en las diferentes edades de la vida.[7]

He dicho que el carácter de casi cada hombre parece ajustarse preferentemente a una determinada edad de la vida; de manera que este se desarrolla mejor en la edad que le resulta más favorable. Algunos son jóvenes amables, pero luego pierden su encanto; otros, hombres fuertes y emprendedores, a quienes la edad después les roba todo valor; algunos se muestran con mayores cualidades en la vejez, cuando son más amables por la experiencia y la serenidad adquiridas: este es el caso, a menudo, de los franceses. Debe ser así por el hecho de que el carácter tiene en sí mismo algo juvenil, adulto o maduro, con lo que una determinada edad de la vida concuerda o le contrarresta como un correctivo.

De igual manera que cuando alguien se encuentra en un barco se percata de su avance solo cuando mira atrás y observa cómo los objetos que se hallan en la orilla van disminuyendo de tamaño, así también uno se percata de su edad y de que va haciéndose mayor por el hecho de que la gente de cada vez más edad a uno le parece joven.[8]

La vida del hombre, como se presenta en realidad la mayoría de veces, se asemeja al agua en su forma más común, un lago o un río: pero en la épica, la novela y la tragedia los caracteres escogidos son puestos en unas circunstancias tales que despliegan todas sus cualidades, mostrando lo profundo del ánimo humano y manifestándose en acciones extraordinarias y significativas. Así, la poesía llega a objetivar la idea de lo humano, que tiene la particularidad de presentarse en los caracteres marcadamente individuales.[9]

Es justo como si el agua dijera: «Yo puedo hacer olas muy altas (¡en efecto, en el mar y la tormenta!); puedo correr llevándome por delante todo a mi paso (¡sí, en el lecho de la corriente!), puedo precipitarme agitada y espumeante (¡cierto, en las cascadas!), puedo elevarme libre como un chorro al aire (¡sí, en una fuente!), puedo, por último, hervir y desaparecer (¡desde luego, a 80 grados!); de todo lo dicho ahora, sin embargo, no hago nada en este momento, sino que permanezco voluntariamente tranquila y en calma en el estanque cristalino». Al igual que el agua solo puede hacer todo eso cuando se dan las causas determinantes para un fenómeno u otro, así también aquel hombre únicamente puede hacer lo que cree poder hacer si vuelven a presentarse las mismas condiciones. Hasta que no se den estas causas, le resulta imposible; pero cuando hacen su aparición, el hombre debe llevarlo a cabo, igual que ocurre con el agua en cuanto se dan las causas correspondientes.[10]

Conforme a si la energía del intelecto se halla en vigor o declive, la vida le parece tan corta, tan poca cosa y fugaz que nada de lo existente merece que uno se mueva, sino que todo resulta insignificante, también el placer, la riqueza e incluso la fama; y todo eso en tan alto grado que, sea lo que fuere en lo que uno haya fallado, no habrá perdido mucho en ello; o bien al revés: al intelecto la vida le parece tan larga, importante y el todo de la totalidad, tan rica en contenido y tan difícil, que nos lanzamos a ella con toda nuestra alma para apoderarnos de sus bienes, asegurarnos el botín y realizar nuestros planes pese a cualquier obstáculo.[11]

Debemos figurarnos el principio que nos vivifica primero al menos como una fuerza natural, hasta que más adelante una investigación más profunda nos permita reconocer lo que es en sí mismo. Por tanto, ya considerada como fuerza natural, la fuerza vital no se ve en absoluto afectada por el cambio de formas y estados que la sucesión de causas y efectos trae y lleva y que solo está sujeta, como demuestra la experiencia, a la procreación y la muerte.[12]

Por lo que respecta a la fuerza vital, somos, hasta los 36 años, comparables a aquellos que viven de sus rentas: lo que gastamos hoy, mañana está de nuevo ahí. Pero a partir de ese momento, nuestro ejemplo análogo será el rentista que comienza a gastar su capital. Al principio, la cosa no se nota: la mayor parte del dispendio sigue recuperándose enseguida, el pequeño déficit que se produce apenas llama la atención. Pero este crece poco a poco, empieza a notarse, su aumento se hace cada día mayor, se convierte cada vez más en un hábito, el día de hoy es más pobre que el de ayer, sin esperanza de que el proceso se detenga. Así, se acelera, de igual manera que la decadencia corporal, el dispendio, hasta que al final ya no queda nada. Un caso muy triste se da cuando ambas cosas aquí comparadas, la fuerza vital y la propiedad, están deshaciéndose efectivamente a la par: de ahí, pues, que con la edad se acreciente el amor al dinero. En cambio, al principio, hasta la mayoría de edad y un poco después, nos asemejamos, en lo que respecta a la fuerza vital, a aquellos que incluso añaden al capital algo de las rentas: no es solo que lo gastado se reajuste por sí mismo, sino que el capital crece. Y de nuevo este es a veces, gracias al cuidado de un certero tutor, también el caso del dinero. ¡Oh dichosa juventud! ¡Oh triste vejez! Así y todo, cabe economizar las energías de la juventud.[13]

También podría considerarse nuestra vida como un episodio inútil y molesto en la bienaventurada calma de la Nada. En cualquier caso, incluso aquel a quien le haya resultado soportable, cuanto más tiempo viva, tanto más claramente percibirá que en total es *a disappointment, nay, a cheat* [una decepción, incluso un engaño] o que, hablando sin rodeos, lleva el carácter de una mistificación, por no decir un fraude.[14]

La vida se presenta primero como una tarea, a saber, la de mantenerla, de *gagner sa vie* [ganarse la vida]. Una vez resuelta, lo que se ha ganado se convierte en un lastre y entonces hace su aparición la segunda tarea, que estriba en disponer de ello, es decir, espantar el hastío que se abate sobre toda existencia asegurada cual un ave rapaz al acecho. Por tanto, la primera tarea consiste en ganar algo y, la segunda, en hacer que aquello que se ha ganado no se note, pues de lo contrario sería una carga.[15]

La vida es una acumulación de tareas por resolver; en ese sentido, *defunctus* es una hermosa expresión.[16]

La *vida* debe verse enteramente como una *severa lección* que se nos da, aun cuando, con nuestras formas de pensamiento, orientadas hacia objetivos totalmente distintos, no podamos entender cómo hemos podido llegar a necesitarla [...].[17]

¿Cómo, preguntemos de pasada, el ilimitado amor a la vida y el deseo de mantenerla a toda costa tanto tiempo como sea posible podrían considerarse algo bajo y despreciable, y, por parte de los seguidores de cualquier religión, además, algo indigno de ella, si la vida fuera un regalo de dioses benévolos, que habría que agradecer?[18]

Pues la existencia humana, bien lejos de portar el carácter de un regalo, lleva en sí el de una deuda contraída. La exigencia del pago de la misma aparece en forma de necesidades urgentes, deseos mortificantes y miseria infinita generados por esa existencia. Para satisfacer la deuda, por regla general, se empleará toda la vida: sin embargo, solo se termina con los intereses. El pago completo del capital tiene lugar con la muerte. ¿Y cuándo se contrajo esa deuda? En el momento de la procreación.[19]

Desde este punto de vista, habría que ver nuestra vida como algo prestado por la muerte: el sueño sería entonces el interés diario de dicho préstamo.[20]

Por consiguiente, nuestra vida se asemeja a un pago que obtenemos en contantes chavos de cobre y por el que luego tenemos que hacer un recibo: son los días que vivimos; el recibo es la muerte.[21]

Si comparamos ambas cosas, la indescriptible artificialidad de las instituciones y la indecible riqueza de los medios, por un lado, y la pobreza de lo que a través de ello se persigue y consigue, por otro, entonces se nos impone la comprensión de que la vida es un negocio cuyas ganancias ni con mucho cubren los gastos.[22]

Según esto, cada uno intenta pasarla lo mejor que pueda. Lleva la vida como si fuera una servidumbre feudal que ha de satisfacer. Pero ¿quién ha contraído

la deuda? Fue el progenitor, en el disfrute de su sen-
sualidad. Así que, por haber gozado este de ella, el
otro debe vivir, padecer y morir.[23]

Pues, en el fondo, cada individualidad no es más que
un error específico, un paso en falso, algo que mejor
no existiera, en efecto, algo de lo cual traernos de
vuelta constituye el objetivo real de la vida.[24]

La vida se presenta como un engaño continuado, tanto en lo grande como en lo pequeño.[25]

El objetivo de la vida

La opinión común, sobre todo protestante, según la cual el objetivo de la vida se encontraría sola y únicamente en las virtudes morales, es decir, en la práctica de la justicia y el amor al prójimo, trasluce su insuficiencia ya por el hecho de que entre los hombres haya tan lamentablemente poca moralidad pura y real. No pretendo hablar ahora de las grandes virtudes, magnanimidad, generosidad y capacidad de sacrificio, cosas que difícilmente se hallarán fuera de los escenarios o la novela, sino solo de aquellas virtudes que todos deberían tener por obligación. Quien sea viejo que se acuerde de aquellos con los que ha tratado en la vida: ¿cuántas personas real y efectivamente honorables habrá habido entre ellos? ¿No eran con creces la mayoría —pese a su desvergonzado disgusto ante la sospecha más ligera de un engaño o una mentira— todo lo contrario? ¿No eran un abyecto interés propio, una ilimitada ansia de dinero, una bien escondida pillería y, además, una venenosa envidia y un maligno goce por la desgracia ajena tan generalmente dominantes que la más diminuta excepción a todo ello se recibió con admiración? Y el amor al prójimo, ¿cuán poco frecuente se eleva a más que a la donación de algo tan prescindible que nunca se echaría de menos? ¿Y entre tan escasas y raquíticas muestras de moralidad se situaría la meta definitiva de la vida?[26]

Uno puede incluso intentar atribuir la culpa de su desdicha individual ya a las circunstancias, ya a otras personas, ya a su propio infortunio o también a su impericia, y asimismo reconocer cómo todas estas cosas han contribuido a ella. Sin embargo, nada de esto cambia un ápice el hecho de que se haya fallado en la consecución de la meta real de la existencia, que consistiría en ser feliz; razón por la cual las reflexiones que se hacen al respecto, sobre todo cuando ya se apura el paso de la vida, a menudo sean muy tristes; de ahí que casi todos los rostros cargados de años reflejen esa expresión que los ingleses llaman *disappointment* [decepción]. A eso se suma que hasta entonces cada día de nuestra vida ya nos ha enseñado que las alegrías y los placeres, incluso cuando se consiguen, son engañosos en sí mismos, no dan aquello que prometen, no apaciguan el corazón y, por último, que su posesión se ve amargada por las incomodidades que los acompañan o que de ellos se derivan, mientras que, en cambio, los dolores y las penas se muestran bastante reales y superan muy a menudo todas las expectativas. Y así, ciertamente, todo en la vida contribuye a apartarnos del error originario y convencernos de que la meta de nuestra existencia no es ser feliz. Es más, al examinar la cuestión más exacta e imparcialmente, la vida aparece propiamente encaminada a que no nos sintamos felices en ella, en cuanto, por toda su naturaleza, porta el carácter de algo que nos ha de disgustar, algo de lo que se nos quitan las ganas y a lo que hemos de volver la espalda como a un error para que nuestro corazón se cure del afán de saborear el placer, es más, del afán de vivir, y se aparte del mundo. En este sentido, sería más correcto fundamentar la meta de nuestra vida en nuestro dolor y no en nuestro bienestar.[27]

Lo más raro de todo, no obstante, es que uno llega a conocerse y comprenderse incluso a sí mismo, entender el objetivo y la meta de su propia vida, solo cuando ya se aproxima el fin, y más aún en lo que a su relación con el mundo, con los demás, se refiere. Con frecuencia, pero no siempre, ocurre que uno entonces ha de conformarse con una posición más baja de lo que antes había pensado; pero a veces alcanza también una más elevada, lo que se infiere entonces del hecho de que antes no había tenido una percepción lo bastante clara sobre la nimiedad del mundo y por ello había puesto su meta por encima de ella. De paso se conoce lo que hay en cada uno.[28]

Ahora que, como resultado de mi filosofía de rigor (en oposición a la mera filosofía profesoral o de broma), hemos reconocido el apartarse de la vida por parte de la voluntad como la meta última de la existencia temporal, debemos asumir que cualquiera a su manera, que a menudo puede implicar grandes rodeos, es guiado poco a poco hacia ese camino. Ahora bien, puesto que alegrías y goces en realidad van en contra de dicho objetivo, vemos que, de acuerdo con este, dolor y desgracia se hallan inevitablemente entretejidos en cada curso de vida. Eso sí, en muy desigual manera y solo raramente en abundancia, esto es, en circunstancias trágicas, en las que entonces parece como si la voluntad, por decirlo así, fuera llevada a la fuerza a apartarse de la vida y conducida al renacimiento como por cesárea.

Así, nos lleva esta imperceptible guía, que solo se manifiesta en dudosa apariencia, hasta la muerte, que es el verdadero resultado y, por tanto, el objetivo de la vida. En la hora final convergen todas las enigmáticas fuerzas (que, no obstante, están arraigadas en nosotros) que determinan el destino eterno del hombre y entran en acción. De su conflicto surge el camino que uno debe seguir ahora, pues se prepara su *palingenesia* [renacimiento] junto con toda la alegría y todo el dolor que esta conlleva y que le están irremediablemente destinados. En ello estriba el carácter altamente serio, importante, ceremonioso y temible de la hora de la muerte. Es una crisis, en el sentido más poderoso del término, un juicio universal.[29]

Puesto que las acciones de los demás frente a mí deben afectar a mi bienestar o malestar para que no me sean indiferentes, puesto que su opinión, es decir, el honor, solo tiene valor por su influencia en aquellas y que la vida es la condición de todo bienestar y la muerte lo más extremo y la frontera de todo lo malo, según todo esto, la clásica sentencia «El honor antes que la vida» no puede ser cierta. Pues el honor es solo un medio para llegar a aquello que hace la vida soportable o cómoda. Vivir, y vivir de manera soportable, es la meta (desde este punto de vista empírico) y el medio no puede ser de mayor valor que esta última. Por lo demás, la vida, una vez que se pierde, ya no puede recuperarse de ninguna manera; el honor, sin embargo, es posible recuperarlo nuevamente; por ejemplo, por desilusión, por consecución de nuevos honores de otro género; en cualquier caso, por un cambio radical de clima, etcétera.[30]

De ahí también que el respeto, que nos impone un gran dolor, se sienta aún más ante cualquier difunto, que cada muerte sea una especie de apoteosis o santificación y que no podamos siquiera contemplar el cadáver del hombre más corriente sin sentir veneración. En ese sentido, hay que considerar precisamente el morir como el objetivo moral primordial de la vida, y en ese instante se alcanza más que en todos los años de existencia, que tan solo fueron una preparación, un *praeludium* para ese instante. De esta manera, la muerte es el *Résumé* de la vida, la suma total de la misma, que expresa en una sola frase lo que la existencia nos dio poco a poco y por partes, y no es sino lo siguiente: que la voluntad de vivir, es decir, todo afán cuya manifestación constituye la vida, es algo inútil, vano, en sí mismo contradictorio, algo a lo que resulta salvífico darle la espalda.[31]

La duración de la vida

La duración de la vida humana se establece en dos lugares del Antiguo Testamento (LXX) en 70 años, y, cuando llega a mucho, en 80; y, lo que es más significativo, Herodoto (I,32 *et* III,22) dice lo mismo. Pero es erróneo y sólo el resultado de una concepción tosca y superficial de la experiencia cotidiana. Pues si la duración natural de la vida fuese de 70 a 80 años, la gente debería morir *de vejez* entre los 70 y los 80 años. Pero no es este para nada el caso: muere, como la gente más joven, *de enfermedades*. La enfermedad, empero, es esencialmente una anomalía: es decir, este no es el fin natural. Solo entre los 90 y los 100 años mueren los seres humanos, pero, por regla general, *de vejez*, sin enfermedad, sin agonía, sin estertor, sin convulsión, a veces sin palidecer, lo que se denomina *eutanasia*. Por eso, también en este punto tiene razón las *Upanishads* cuando en dos lugares establece la duración natural de la vida en 100 años.[32]

No hay por qué calificar propiamente la vida humana de larga o corta, puesto que, en el fondo, es la medida en función de la cual se calculan todos los demás períodos de tiempo. En las *Upanishads* de los Vedas, se señalan los 100 años como la duración natural de la vida del hombre. Pienso que con razón, pues ya he reparado en que solo aquellos que sobrepasan los 90 años consiguen la *eutanasia*, es decir, morir sin enfermedad, también sin apoplejía, sin convulsiones ni estertores, de cuando en cuando incluso sin palidecer, las más de las veces sentados, y eso después de haber comido; eso no es tanto morir cuanto sencillamente dejar de vivir. A cualquier edad más temprana, se muere únicamente por enfermedad, es decir, antes de tiempo.[33]

En definitiva, es una de las mayores y más frecuentes necedades poner mucho empeño en la vida, sea como sea la manera en que se hace. Pues tales esfuerzos se ciñen a la duración de una vida humana total y completa, que, sin embargo, muy pocos alcanzan. Además, incluso si viven tanto, ese tiempo resulta demasiado breve para los planes hechos, puesto que su realización exige siempre mucho más tiempo de lo previsto. Aparte de eso, tales esfuerzos, como todas las cosas humanas, están expuestos a fracasos y frustraciones en tan alto grado que muy raramente consiguen llegar a su objetivo. Por último, aun cuando al final todo se haya conseguido, se ha hecho caso omiso de los cambios que el tiempo produce en nosotros mismos; a saber, no se ha tenido en cuenta que ni para el rendimiento ni para el gozo nuestras facultades bastan durante toda la vida. De ahí que suceda que a menudo nos afanemos por cosas que, una vez alcanzadas, ya no son adecuadas para nosotros; y también que gastemos años con los preparativos para una obra, años que, mientras tanto, nos han robado las fuerzas necesarias para llevar dicha obra a buen término, sin que nos demos cuenta. Y así ocurre frecuentemente que ya no podemos disfrutar de la riqueza que hemos alcanzado con tanto esfuerzo y pese a muchos peligros, y que, en realidad, hemos trabajado en beneficio de otros; sucede también que ya no estamos en condiciones de ocupar el puesto obtenido por fin, tras numerosos años de mucho bregar y luchar: las cosas han llegado demasiado tarde para nosotros. Asimismo pasa al revés, a saber, somos nosotros quienes llegamos demasiado tarde a nuestras cosas, concretamente cuando de servicios o productos se trata: el gusto de la época ha cambiado; una nueva generación, que no se interesa por estas cosas, ha crecido; otros, por caminos más cortos, se nos han adelantado, etcétera.[34]

Lo que hace desgraciada *la primera mitad de la vida*, que en tantas cosas es preferible a la segunda, es la persecución de la felicidad, a partir del supuesto firme de que tiene que ser posible alcanzarla a lo largo de la vida. De ahí surgen la esperanza constantemente defraudada y el descontento. Nos figuramos imágenes engañosas de una dicha soñada e indeterminada, bajo formas caprichosamente elegidas, y buscamos en vano su modelo arquetípico.[35]

En *la segunda mitad de nuestra vida* hace su aparición, en lugar del ansia permanentemente insatisfecha de felicidad, la preocupación por la infelicidad. Ahora bien, hallar un remedio para esto es de modo objetivo posible, pues estamos por fin libres de aquella presunción y tan solo buscamos calma y en lo posible, la ausencia de dolor, de lo que puede surgir un estado notablemente más alegre que el de la primera mitad, ya que aspira a algo que es alcanzable, un estado que recompensa con creces las carencias propias de la segunda mitad.[36]

Lo que se opone a que los hombres *lleguen a ser más sabios y prudentes* es, entre otras cosas, la *brevedad de la vida.* Cada treinta años llega una generación nueva que no sabe nada y tiene que empezar desde el comienzo.[37]

El curso de la vida

En verdad, solo el curso vital de cada individuo tiene unidad, coherencia y verdadero significado: hay que verlo como una enseñanza, y el sentido de la misma es moral. Solo las operaciones internas, en cuanto que conciernen a la voluntad, poseen verdadera realidad y son hechos efectivos porque la voluntad sola es la cosa en sí.[38]

Ni nuestro *actuar* ni el *curso de nuestra vida* es *nuestra obra*; sí lo es aquello que nadie considera tal: *nuestra esencia y existencia*. Pues sobre la base de esta y de las circunstancias y los sucesos externos que aparecen en rigurosa conexión causal, nuestro actuar y el curso de nuestra vida se desarrollan con perfecta necesidad. Según ello, ya en el nacimiento del ser humano está determinado de manera irrevocable y hasta en los detalles el curso entero de su vida, de modo que una sonámbula en su máxima potencia podría predecirlo con precisión.

Deberíamos tener presente esta verdad grande y segura en la consideración y el juicio sobre el curso de nuestra vida, de nuestras acciones y sufrimientos.[39]

Por tanto, todo el curso empírico de la vida de una persona, en todas sus operaciones grandes y pequeñas, está tan necesariamente predeterminado como el mecanismo de un reloj. Esto se debe básicamente al hecho de que el modo como el mencionado libre acto metafísico llega a la conciencia cognoscente es una intuición que tiene por forma el tiempo y el espacio, por medio de la cual se representa ahora la unidad e indivisibilidad de dicho acto como extendida en una serie de estados y acontecimientos, que surgen siguiendo el hilo conductor del principio de razón [*principium rationis*] en sus cuatro configuraciones; y esto es precisamente lo que significa *necesario*. El resultado es algo moral, a saber, que nosotros reconocemos lo que somos en lo que hacemos, de igual modo como reconocemos lo que merecemos en aquello que padecemos.[40]

Ahora bien, si, con esta condición, la vida todavía hubiera de conservar una tendencia y un sentido morales, entonces estos deberían encontrar su origen, ciertamente, solo durante el curso de la misma y salir de la nada, como el hombre así considerado viene por completo de la nada: pues aquí queda excluida, de una vez por todas, cualquier relación con una condición precedente, una existencia anterior o un acto extratemporal, a los que, no obstante, remite claramente la ilimitada, originaria e innata heterogeneidad de los caracteres morales.[41]

Así que, a la vista de su propio destino individual es como se despierta en muchos este fatalismo transcendente que alguna vez nacerá en cualquiera a raíz de una atenta observación de la propia vida, después de que su curso haya adquirido una extensión considerable; en efecto, cuando uno examina detenidamente los detalles de su curso vital, puede presentársele como si en él todo hubiese estado ya decidido de antemano, y los hombres se le antojan meros actores.[42]

El curso vital cumplido, al que uno echa la vista atrás cuando está a punto de morir, surte sobre la íntegra voluntad objetivada en esa individualidad que perece un efecto análogo al que motiva el obrar del hombre: y es que le da un nuevo rumbo, que consecuentemente es el resultado moral y esencial de la vida.[43]

Esto último se comprueba también mediante los hechos inequívocos de que, al acercarse la muerte, los pensamientos de cada hombre, tanto si se aferraba a dogmas religiosos como si no, adquieren una dirección moral y de que el hombre se esfuerza, desde un punto de vista moral, en sacar las cuentas de las etapas pasadas de su vida.[44]

¡Qué hermosas y significativas se presentan en el recuerdo algunas escenas y procesos de nuestra vida pasada, a pesar de que, en su momento, las dejamos pasar sin estima especial alguna! Pero tenían que pasar, estimadas o no: son justamente las *teselas* de las que se compone la imagen de la memoria del curso de nuestra vida.[45]

El momento presente

En el pasado no ha vivido hombre alguno y tampoco vivirá ninguno en el futuro; la única forma de existencia es el momento presente, pero a la vez es una posesión segura, que nadie podrá arrebatarnos jamás.[46]

Por tanto, no cabe indagar sobre el pasado anterior al momento que vivimos ni sobre el futuro que venga tras haber muerto, sino que hemos de reconocer el presente como la única forma en que se presenta la voluntad; este no escapará de ella, y ella tampoco de él. A quien, por ende, satisfaga la vida como es, quien la afirma de todos los modos posibles, podrá en confianza contemplar la existencia como algo infinito y rechazar el miedo a la muerte por ser una simple ilusión que nos infunde el temor absurdo de perder el instante inventando un tiempo que exista sin presente: un engaño que, en lo que concierne al tiempo, es como aquel otro, en que lo que al espacio se refiere, según el cual cada uno en su fantasía considera el lugar de la esfera terrestre que él ocupa en ese momento como la parte de arriba y todo lo demás como la de abajo; de igual modo, cada uno vincula el momento presente a su propia individualidad y cree que con este desaparece también el presente, y que el pasado y el futuro se quedan entonces sin aquel. Mas, de igual manera que sobre la esfera terrestre en todas partes se está arriba, así también la forma de toda vida es el momento actual, y temer a la muerte porque nos pueda arrebatar el presente no es más sabio que temer que uno pudiera caerse de la Tierra redonda, en cuya parte de arriba se halle felizmente en ese instante.[47]

A lo largo de toda nuestra vida, siempre poseemos solo el momento presente y nunca nada más. Con la diferencia de que, al principio, tenemos un largo futuro ante nosotros, mientras que, al final, contemplamos un largo pasado a nuestras espaldas; y además, que nuestro temperamento, si bien no nuestro carácter, pasa por algunos cambios conocidos, con lo que cada vez la actualidad adquiere un color distinto.[48]

A cada suceso de nuestra vida le pertenece tan solo un momento del que se pueda decir que «es» y después para siempre que «fue». Con cada atardecer somos más pobres en un día. Quizá, ante la visión del transcurso del escaso tiempo que nos corresponde, nos enloqueceríamos, si no hubiera en lo más profundo de nuestro ser la conciencia secreta de que nos pertenece la fuente inagotable de la eternidad para poder una y otra vez renovar a partir de ella el tiempo de nuestra vida.

Ciertamente, sobre consideraciones como las arriba mencionadas uno puede fundamentar la doctrina según la cual disfrutar del presente y hacer de ello la meta de nuestra vida sería la mayor muestra de sabiduría, dado que dicha meta sería lo único real y todo lo demás nada más que un mero juego intelectual. Pero de igual manera podríamos calificarlo de la mayor necedad, pues aquello que deja de existir al momento, y que desaparece por completo, cual si fuera un sueño, no merece en ningún caso que le dediquemos un serio esfuerzo.[49]

Un punto importante de la sabiduría de la vida consiste en la correcta proporción en que dedicamos nuestra atención en parte al presente, en parte al futuro, para que uno no nos estropee el otro. Hay muchos que viven demasiado el presente: son los despreocupados; otros viven demasiado pendientes del futuro: los asustadizos y preocupados. Pocas veces encontrará uno la justa medida. Aquellos que, por aspirar y esperar permanentemente, viven solo en el futuro, miran siempre hacia delante y se precipitan con impaciencia hacia las cosas que aún están por llegar, como si únicamente estas trajeran la verdadera dicha, y entretanto, sin embargo, dejan que pase el presente sin prestarle atención y disfrutarlo; estos, pese a su aspecto de grave inteligencia, son comparables a aquellos asnos en Italia, de los que se consigue que aceleren el paso poniéndoles delante de la cabeza un haz de heno sujeto con un palo, de manera que lo tienen en todo momento justo delante de ellos e intentan darle alcance. Pues se engañan a sí mismos privándose de toda su existencia, al vivir siempre *ad interim* [provisionalmente, por ahora], hasta que mueren.[50]

Las escenas de nuestra vida se asemejan a las imágenes representadas en un tosco mosaico de piezas grandes, que de cerca apenas provocan efecto alguno y de las que cabe situarse a cierta distancia para encontrarlas hermosas. Por tanto, alcanzar algo a lo que aspiramos significa percatarnos de que es vano, y si vivimos todo el tiempo con la expectativa de que llegará otra cosa mejor, lo hacemos a la vez con la añoranza y el remordimiento por lo que ya ha pasado. El presente, por el contrario, es tomado como algo pasajero y no se tendrá por nada más que por el camino hacia el objetivo. De ahí que la mayoría de personas, cuando al final de sus días miran atrás, encuentren que han pasado toda su existencia viviendo *ad interim* y se asombren de que aquello que dejaron pasar sin apenas prestarle atención y sin haberlo disfrutado fuera precisamente su vida, es decir, aquello ante cuya expectativa vivían. Y así, pues, el curso vital del hombre, por norma general, estriba en que, burlado por la esperanza, baila hacia los brazos de la muerte.[51]

Ha dado un gran paso hacia la sabiduría aquel que vea de manera clara y segura que la diferencia entre pasado, presente y futuro es solo aparente y del todo nimia. Entenderá entonces que, en lugar de languidecer por el futuro, añorar el pasado y tratar con todos los sentidos de captar el presente insustancial, en realidad no hemos de hacer otra cosa que comprender la intemporal idea platónica de la totalidad de la vida y acto seguido decidir si queremos o no dicha totalidad. Lo que elijamos llegará a nosotros, de una fuente inagotable. Podemos despreocuparnos de la vida y la muerte. Son, en cuanto los dos polos de esa totalidad, uno tan esencial como el otro y se requieren mutuamente. Y dicha elección es lo único que realmente importa.[52]

El apego a la vida

Al igual que si se tratara de una preciada prenda que le hubiera sido confiada y que exigiera asumir una grave responsabilidad, de igual modo cualquiera protege su vida y vela por ella, entre preocupaciones sin fin y frecuentes apuros, y en ello se le va la existencia. El para qué y el porqué, la recompensa por todo ello, es algo que, ciertamente, no ve, sino que ha aceptado la prenda a ciegas, por lealtad y confianza, y no sabe en qué consiste realmente. De ahí que haya yo afirmado que estas marionetas no se ven movidas desde fuera, sino que llevan su propio mecanismo en el interior, el cual hace que sus movimientos se sucedan. Esto es la voluntad de vivir, que se muestra como un incansable impulso, una pulsión irracional, que no encuentra su razón suficiente en el mundo exterior. Mantiene a cada uno fijo en la escena y es el *primum mobile* [primer móvil]* de sus movimientos; mientras que los objetos exteriores, los motivos, simplemente determinan la dirección de los mismos en los detalles: de lo contrario, la causa no sería proporcional al efecto. Pues igual que cualquier manifestación de una fuerza natural tiene una causa, pero la fuerza natural misma carece de ella, así cada acto de la voluntad posee un motivo, pero la voluntad misma no; es

---

* Primer móvil: la esfera más exterior del universo según el modelo ptolemaico. *(N. del T.)*

más: en el fondo, ambas cosas son uno y lo mismo. Por todas partes, la voluntad, en cuanto lo metafísico, constituye el límite de cualquier consideración, más allá del cual no puede ir. A partir de la expuesta primordialidad e incondicionalidad de la voluntad es explicable el hecho de que el hombre ame por encima de todo una existencia llena unas veces de precariedad, calamidades, dolor y miedo y otras veces de tedio; una existencia que, considerada y sopesada de manera puramente objetiva, debería ser despreciada por él; una existencia, cuyo final, sin embargo, es lo único certero para él y que teme por encima de todas las cosas. De acuerdo con ello, vemos a menudo cómo una triste figura, deformada y doblegada por la edad, la escasez y la enfermedad, desde el fondo de su corazón pide nuestra ayuda para prolongar una vida cuyo fin, sin duda, parecería algo deseable, si un juicio objetivo fuera aquí lo determinante. En cambio, lo que manda es, pues, la ciega voluntad, que aparece en forma de un impulso vital, ganas de vivir y ánimo para seguir viviendo: el mismo impulso que hace crecer las plantas.[53]

A través de estas consideraciones, se nos confirma 1) que la voluntad de vivir es la esencia más profunda del hombre; 2) que en sí misma carece de conocimiento y es ciega; 3) que el conocimiento es un principio que a la voluntad le resulta originariamente extraño, agregado, y 4) que ambos están en lucha entre sí y que nuestro juicio aprueba la victoria del conocimiento sobre la voluntad.[54]

Además, la vida debe acabar pronto en cualquier caso, de manera que los pocos años que uno quizá tenga por delante se desvanecen por completo ante el tiempo infinito en el cual uno ya no existirá más. Por consiguiente, ante la reflexión parece incluso ridículo que uno se preocupe tanto y se alarme de tal manera por ese lapso de tiempo, cuando la vida propia o ajena peligre, y cree tragedias, cuyo sobrecogimiento radica únicamente en el miedo a la muerte. Este poderoso apego a la vida resulta por tanto irracional y ciego: tan solo es explicable por el hecho de que nuestra esencia es ya de por sí voluntad de vivir, que la vida es para esta el bien de mayor valor, por muy amarga, breve e incierta que pueda llegar a ser y que esta voluntad es, en sí misma y originariamente, inconsciente y ciega.[55]

Nada nos lleva a sentir tan irresistiblemente la más viva empatía como el peligro que experimentan vidas ajenas: no hay nada más espantoso que una ejecución. Ahora bien, el apego desmedido a la vida que aquí se manifiesta no puede proceder del conocimiento y la reflexión. A estos les parece más bien necio, puesto que el valor objetivo de la vida es precario y la cuestión de si cabe preferirla a no existir se mantiene, cuanto menos, incierta; es más: si la experiencia y el conocimiento tienen la palabra, el no existir saldrá ganando. Y si alguien llamara a las tumbas y preguntara a los muertos si quieren volver a levantarse, negarían con la cabeza.[56]

A quien le guste, pues, el mundo como es, que continúe queriendo la vida y sus bienes. A la voluntad de vivir no le faltará nunca la vida, su reflejo. La muerte deberá tomarla como los demás males: pues todos ellos forman parte de la manifestación de la voluntad de vivir. La amplia mayoría de los hombres afirman la vida, la quieren continuada: por ello el mundo existe, los individuos son incontables y su forma es un tiempo infinito.[57]

El ajetreo en la vida

Una vez que la voluntad de vivir, es decir, la esencia íntima de la naturaleza, en un afán incansable hacia la objetivación perfecta y el disfrute completo, ha atravesado toda la gama de los seres vivos (lo que, a menudo, ocurre en el mismo planeta en las variadas rupturas de sucesivas series de seres vivos que vuelven a comenzar siempre de nuevo), llega finalmente en el ser dotado de razón, es decir, en el hombre, a la conciencia. Aquí el asunto comienza a inquietarla, se le impone la pregunta sobre de dónde y para qué es todo lo existente y, principalmente, si el esfuerzo y la penalidad de su vida y su afán se verán recompensados.[58]

Solo en apariència, los hombres son tirados hacia delante, en realidad son impulsados desde atrás: no es que la vida los atraiga, sino que la necesidad los compele hacia delante.[59]

Siempre constituye solo una excepción el que el curso de una vida sufra una alteración por el hecho de que, de un conocimiento independiente del servicio de la voluntad y dirigido a la esencia del mundo en cuanto tal, se infiere o bien la exigencia estética de adoptar una actitud contemplativa o bien la exigencia ética de renunciar. A la mayoría de las personas la miseria los arrastra a empujones por la vida, sin dejarlos recuperar el juicio. Por el contrario, se inflama a menudo la voluntad del tal modo que sobrepasa con creces la simple afirmación del cuerpo en grado sumo, así que se manifiesta entonces en encendidos afectos y violentas pasiones, en las que el individuo no solo afirma su propia existencia, sino que llega a negar la de los demás e intenta eliminarla ahí donde le obstaculice el paso.[60]

Al que vive inmerso en el vértigo de las ocupaciones o los placeres, sin meditar nunca sobre su pasado, y tan solo va devanando su vida sin cesar, se le escapa el sentido claro de las cosas; su alma se convierte en un caos y cierta confusión irrumpe en sus pensamientos, como mostrará pronto lo abrupto, fragmentario y, por decirlo así, despedazado de su conversación. Y este es tanto más el caso cuanto mayor sean las perturbaciones exteriores y la cantidad de impresiones, y menor la actividad interior de su espíritu.[61]

La vida, con sus contrariedades pequeñas, medianas y realmente grandes, las de cada hora, cada día, cada semana, cada año, con sus esperanzas defraudadas y sus incidentes accidentales que frustran cualquier planificación, porta de manera tan clara el sello de algo de lo que ya no tendremos ganas que resulta difícil comprender cómo es posible que no nos hayamos percatado de ello y nos hayamos dejado convencer de que la vida está ahí para ser disfrutada con agradecimiento y que el hombre existe para ser feliz. Y es que, antes bien, este continuo engaño y desengaño, así como la cualidad general de la vida, se presentan como algo destinado a propósito a despertar el convencimiento de que nada vale nuestro afán, nuestro esfuerzo ni nuestra lucha, que todos los bienes son nimios, el mundo acaba por todas partes en bancarrota y que la vida es un negocio que no cubre los gastos, todo ello para que nuestra voluntad se aparte de ella.[62]

Resulta que en la vida de los hombres, como ocurre con cualquier mercancía de mala calidad, el lado exterior se halla cubierto de una falsa pátina: aquello que está sufriendo siempre se oculta. En cambio, aquello que sirve para recabar pompa y esplendor se expone a la vista; y cuanta menos alegría se tenga interiormente tanto más se deseará aparecer ante la opinión de los demás como un ser afortunado; tan lejos llega la necedad, y la opinión de los demás será el objetivo principal del afán de cada cual, por mucho que la total nadería de esta ansia ya se manifiesta en el hecho de que en casi todos los idiomas la vanidad, *vanitas*, signifique originariamente vacuidad y nimiedad.[63]

Por mucho que las penas grandes y pequeñas llenen la vida de los hombres y la mantengan en constante agitación y movimiento, no logran ocultar la insuficiencia de la vida para colmar el espíritu, lo huero e insustancial de la existencia o excluir el tedio que siempre está dispuesto a rellenar cualquier pausa que dejen las preocupaciones. Esa es la causa de que el espíritu humano, al cual las preocupaciones, penalidades y trabajos que le depara el mundo real aún no le bastan, se cree, además, un mundo imaginario bajo la forma de innumerables supersticiones, se ocupe de él de las más diversas maneras y le dedique tiempo y esfuerzos, tan pronto como el mundo real le concede la calma, para la que no está preparado en absoluto.[64]

No pretendo hablar aquí de salvajes, cuya vida a menudo solo está un escalón por encima de la de los monos encaramados a los árboles: antes bien, figurémonos, por ejemplo, a un descargador del puerto de Nápoles o Venecia (en el norte, la preocupación por el invierno hace que los hombres sean ya más reflexivos y, por tanto, más prudentes) y contemplemos el curso de su vida, desde el principio hasta el fin. Impulsado por la miseria, llevado por la propia fuerza, alivia con su trabajo la necesidad del día, y hasta de cada hora, realiza grandes esfuerzos, en constante tumulto y con mucha necesidad, carece de toda preocupación ante el porvenir, se permite un descanso reparador tras la extenuación, protagoniza muchas peleas con otros, no tiene nada de tiempo para reflexionar, disfruta del bienestar de los sentidos en medio de un clima benévolo y gracias a una comida aceptable, y finalmente, como elemento metafísico, siente algo de la tremenda superstición infundada por la Iglesia: en total, vive en un estado apenas consciente en el que se deja llevar, o mejor dicho, en el que se ve arrastrado. Este sueño confuso y agitado constituye la vida de millones de personas.[65]

Con tales ejemplos se hace evidente que hay una desproporción entre los esfuerzos y las penalidades de la vida y la utilidad o ganancia de la misma.[66]

Pero, de hecho, cuando en momentos favorables se contempla de forma del todo objetiva el obrar y actuar de los hombres en la realidad, entonces uno siente la convicción intuitiva de que no solo es y permanece siempre lo mismo según las ideas (platónicas), sino que la generación actual, en virtud de su verdadero núcleo, en el plano sustancial es prácticamente idéntica a la precedente. Solo falta saber en qué consiste ese núcleo.[67]

Estamos reunidos y nos enfadamos unos con otros, los ojos brillan y las voces se hacen más sonoras. Exactamente igual se han reunido *otros* hace mil años: era lo mismo, y eran *los mismos*: y de igual modo será dentro de mil años. El dispositivo por el cual no nos damos cuenta de ello es *el tiempo*.[68]

El goce

Se suele considerar la juventud la época feliz de la vida, mientras que de la vejez se dice que es la fase triste. Eso sería cierto si las pasiones nos hicieran felices. Estas son la causa de que la juventud sea zarandeada de acá para allá, con poca alegría y mucho dolor. A la fría vejez la dejan en paz; y de pronto, esta adquiere un aire contemplativo, pues el conocimiento se hace libre y obtiene la preeminencia. Ahora bien, como este, en sí mismo, carece de dolor, la conciencia, por cuanto más predomine en ella el conocimiento, se vuelve cada vez más feliz. En la vejez se sabe mejor cómo prevenirse de las desgracias; en la juventud cómo soportarlas. Basta con imaginar que todo placer es de naturaleza negativa y el dolor, positiva, para comprender que las pasiones no pueden hacernos felices y que la vejez no es digna de lástima por el hecho de verse privada de algunos placeres. Pues cada placer no consiste sino en silenciar una necesidad; entonces, que al acallar esta desaparezca también aquel es tan poco lamentable como lo es el que uno no pueda comer más después de levantar los manteles y deba permanecer despierto después de haber dormido placenteramente una noche entera. Con mucho mayor acierto considera Platón (al comienzo de la *República*) la vejez como la época feliz, en cuanto que en esta nos hallamos liberados ya del impulso sexual, que hasta entonces nos altera sin cesar. Incluso podría afirmarse que los variados e innumerables antojos que el impulso sexual genera y las afecciones que de ellos resultan producen una constante y suave locura en el hombre mientras se encuentre bajo la influencia de esta pulsión o este demonio, del cual se halla siempre poseído, de modo que solo tras la disolución de dicho impulso se vuelve completamente razonable.[69]

Sin razón, uno se lamenta de la ausencia de alegrías en la vejez y se queja de que le están vedados muchos placeres. Cada placer es relativo, pues no es sino la mera satisfacción, el enmudecimiento de una necesidad; que con el cese de la necesidad el placer desaparezca es tan poco lamentable como que uno después de levantar los manteles ya no pueda comer más y que después de haber dormido a pierna suelta una noche entera ya no pueda dormir. Con mayor acierto Platón (*República*, I) considera la vejez la época feliz por el hecho de que acalla por fin el deseo por las mujeres. Las necesidades principales de la vejez son la comodidad y la seguridad; de ahí que en la vejez se ame sobre todo el dinero, como sustituto de las fuerzas faltantes. Luego, las alegrías de la mesa sustituyen las del amor. En lugar de la necesidad de ver, viajar y aprender hacen su aparición las de enseñar y hablar. Pero es una dicha cuando al anciano le queda el amor por el estudio, la música e incluso el teatro.[70]

Toda satisfacción, o lo que por lo común llamamos dicha, es propia y esencialmente algo siempre negativo y nunca positivo. No se trata de una felicidad genuina que venga a nosotros por sí misma, sino que ha de ser siempre la satisfacción de un deseo. Pues el deseo, es decir, la carencia, es la condición previa a cualquier placer. Ahora bien, con la satisfacción se termina el deseo y, en consecuencia, también el placer. De ahí que la satisfacción o la felicidad nunca puedan ser más que la liberación de un dolor, de una necesidad: así hay que entender no solo el sufrimiento real y evidente, sino también cada deseo cuya inoportunidad perturba nuestra calma, e incluso el tedio mortal que convierte en una carga nuestra existencia.

Ahora bien, alcanzar y mantener algo es harto difícil: cada intención se topa con un sinfín de dificultades y esfuerzos y a cada paso se suceden los obstáculos. Pero cuando finalmente todos los impedimentos han sido superados y se ha alcanzado lo que se pretendía, lo que se ha logrado nunca puede ser otra cosa que la de ser librado de un dolor o un anhelo y, por consiguiente, uno no se encuentra sino en la misma situación que antes de que este apareciera. Únicamente la carencia, esto es, el dolor, nos es dado siempre de manera inmediata. Pero la satisfacción y el goce solo podemos reconocerlos de forma mediata, por el recuerdo del dolor y la privación precedentes, que cesaron con su aparición. De ahí que no tengamos en lo que valen los bienes y beneficios que realmente poseemos ni los apreciemos, sino que pensemos que ha de ser así, porque estos satisfacen siempre de manera negativa, alejando el dolor. Solo una vez los hayamos perdido, logramos percibir su valor, pues la carencia, la privación, el dolor son lo positivo, lo que se anuncia de inmediato. Por esa razón, experimentamos alegría al traer a la memoria situaciones pasadas de necesidad, enfermedad, penuria y similares ya superadas, pues ese es el único medio de saborear los bienes presentes.[71]

La vida del hombre fluye incesante entre el querer y el alcanzar. El deseo es, por naturaleza, dolor: satisfacer el deseo acarrea de inmediato saturación, la meta era solo una apariencia, la posesión anula el estímulo; el deseo y la necesidad vuelven a hacer su aparición, bajo una nueva forma; y si no ocurre así, entonces aparece la monotonía, el vacío, el tedio, contra los cuales es tan doloroso luchar como contra la necesidad. Que el deseo y la satisfacción se sucedan uno tras otro sin mucha dilación ni gran intervalo reduce el dolor que ambos nos producen a la menor escala y hace la vida más feliz. Pues aquello que uno, en otras circunstancias, calificaría como la parte más hermosa, las alegrías más puras de la vida, aunque también sea solo porque nos saca de la existencia real y nos transforma en observadores de la misma sin que participemos en ella, es decir, el puro conocimiento que permanece ajeno a cualquier querer, el disfrute de la belleza, la verdadera alegría ante el arte, todo ello, puesto que requiere una disposición singular, se halla reservado a muy pocos e incluso a estos les es dado solamente a modo de un sueño pasajero; y entonces ocurre que esta potencia intelectual más elevada hace a estos pocos más sensibles a dolores incluso mucho más intensos de los que los necios puedan sentir jamás y los convierte además en solitarios entre seres marcadamente diferentes a ellos, de manera que incluso esta parte más hermosa queda liquidada. Pero a la, con creces, mayor parte de la humanidad no le son accesibles los placeres meramente intelectuales; para el goce que reside en el puro conocimiento son casi del todo incapaces: están por completo remitidos al querer.[72]

Ahora bien, si la vida, en cuyo anhelo consiste nuestra esencia y existencia, tuviera un valor positivo y un contenido real en sí misma, entonces no podría haber tedio alguno, sino que la mera existencia, en sí misma, debería llenarnos y satisfacernos. Sin embargo, estamos contentos con nuestra existencia únicamente cuando o bien nos hallamos inmersos en un afán en el que la lejanía y los obstáculos nos dan la impresión engañosa de que la meta fuera satisfactoria (ilusión que desaparece una vez se logra el objetivo), o bien cuando nos encontramos en una ocupación puramente intelectual, en virtud de la cual, no obstante, estamos en realidad saliendo de la vida con el fin de contemplarla desde fuera, cual espectadores de un palco. Incluso el propio placer de los sentidos consiste en un continuo afán y cesa en cuanto ha alcanzado su objetivo. Ahora resulta que, mientras no estemos inmersos en uno de estos dos casos, sino confrontados con la existencia misma, la inconsistencia e insignificancia de esta última nos acomete; y esto es el tedio. Incluso nuestro inherente deseo inextinguible y ávido por capturar lo maravilloso muestra cuán gustosamente veríamos interrumpido el aburrido orden natural del curso de las cosas. Tampoco el resplandor y la magnificencia de los poderosos en toda su pompa y solemnidad son en el fondo más que un esfuerzo inútil por superar la pobreza esencial de nuestra existencia. Pues, vistos a la luz, ¿qué son las piedras preciosas, las perlas, las plumas, el terciopelo rojo iluminado por muchas velas, danzantes y saltarines, atuendos y desfiles de máscaras y cosas similares? Sentirse enteramente feliz en el momento es algo que ningún hombre ha conseguido aún, a no ser completamente ebrio.[73]

El egoísmo, por naturaleza, no conoce límites: el hombre quiere, ante todo, conservar su existencia, la quiere, sea como fuere, exenta de dolores, de los cuales también forman parte toda privación y carencia; quiere la máxima cantidad de bienestar y desea todo el placer del que sea capaz; es más, en lo posible busca desarrollar en sí mismo aún nuevas capacidades para el deleite. Todo cuanto se opone al afán de su egoísmo despierta su irritación, su ira, su odio, y pretenderá aniquilarlo cual a un enemigo. Quiere, a ser posible, saborearlo, tenerlo todo; pero dado que eso es imposible, al menos quiere controlarlo todo: «Todo para mí, nada para los demás», he aquí su lema. El egoísmo es colosal: domina el mundo.[74]

Sin embargo, es cierto que la vida no está ahí propiamente para ser saboreada, sino soportada, resuelta: esto también lo recogen numerosas expresiones, tales como *Degere vitam, vita defungi* [pasar la vida, sobrellevar la vida], el giro italiano *Si scampa cosi [sic]* [Uno va tirando] o las expresiones alemanas *Man muss suchen durchzukommen* [Hay que seguir tirando] y *Er wird schon durch die Welt kommen* [Ya se las arreglará solo en el mundo] y otras similares.[75]

La felicidad

Lo que enturbia e incluso convierte en desgraciada lo que resta de la primera mitad de la vida, que tiene tantas ventajas frente a la segunda, es decir, la juventud, no es sino la búsqueda de la felicidad, desde la firme convicción de que debería hacer su aparición en la vida. Por ahí entra la esperanza tantas veces decepcionada y con ella el descontento. Engañosas imágenes de una felicidad soñada e indeterminada se nos vienen a la mente bajo formas escogidas a capricho, y buscamos en vano su modelo arquetípico.[76]

Por tanto, si el carácter de la primera mitad de la vida estriba en la aspiración insatisfecha a la felicidad, el de la segunda consiste en el miedo a la desgracia. Pues con ella ha entrado, más o menos claramente, la conciencia de que toda felicidad es quimérica, mientras que el sufrimiento es real. Entonces, al menos por parte de los caracteres de mayor raciocinio, se aspira más a una simple ausencia de dolor y un estado imperturbable que al placer. [...] En consecuencia, la segunda mitad de la vida, al igual que la segunda etapa de un movimiento musical, contiene menos brío, pero más calma que la primera, lo cual se basa, en definitiva, en el hecho de que durante la juventud se piensa que en el mundo hay no sé qué bienes y dichas que encontrar, si bien son difíciles de alcanzar, mientras que en la vejez uno sabe que no hay nada que hallar, es decir, al estar por completo apaciguado, se disfruta el momento soportable e incluso se experimenta alegría por cosas pequeñas.[77]

Pues él [el optimismo] nos presenta la vida como un estado deseable y la felicidad humana como su objetivo principal. Partiendo de ello, cada cual cree tener el más legítimo derecho a la felicidad y el placer; ahora bien, si no los logra, como suele ocurrir en realidad, entonces cree que está siendo víctima de una injusticia, es más, que no consigue realizar el objetivo de su existencia, cuando es mucho más correcto considerar como meta de nuestra vida el trabajo, la carencia, la necesidad y el dolor, coronados por la muerte (al igual que lo hacen el brahmanismo, el budismo y el auténtico cristianismo), pues son los que conducen a la negación de la voluntad de vivir.[78]

Solo hay un error innato y consiste en que creamos que estamos aquí en el mundo para ser felices. Nos es innato porque coincide con nuestra existencia misma y toda nuestra esencia es precisamente solo una paráfrasis suya; en efecto, nuestro cuerpo es su monograma: pues no somos sino voluntad de vivir; y la sucesiva satisfacción de todos nuestros deseos es lo que se designa con el concepto de felicidad.

En cuanto perseveremos en este error innato, y lo veamos incluso reforzado por dogmas optimistas, nos parecerá que el mundo está lleno de contradicciones. Pues a cada paso, en lo grande y en lo pequeño, hemos de darnos cuenta de que el mundo y la vida en modo alguno han sido concebidos para mantener una existencia feliz.[79]

Todo en la vida da testimonio de que la felicidad terrenal está destinada a ser frustrada o reconocida como una ilusión. Las disposiciones para ello están arraigadas en lo más profundo de las cosas. Por consiguiente, la vida de la mayoría de los hombres se antoja sombría y corta. Los comparativamente felices lo son, por lo general, solo en apariencia, o bien representan, como quienes alcanzan la longevidad, infrecuentes excepciones; era menester dejar abierta la posibilidad –en calidad de señuelo– de convertirse uno mismo en tal excepción. La vida se presenta como un fraude continuado, tanto en lo grande como en lo pequeño. Si la vida promete algo, no lo cumple, a no ser para mostrar cuán poco deseable era lo deseado: así nos engaña ya la esperanza, ya lo que es esperado. Si nos ha dado una cosa, era para llevarse otra.[80]

Todo lo que estas consideraciones deberían dejar claro, a saber, la imposibilidad de una satisfacción duradera y la negatividad de toda felicidad, encuentra su explicación en aquello que fue dicho al final del segundo libro:[*] es decir, que la voluntad, cuya objetivación es la vida humana al igual que cualquier fenómeno, constituye un afán carente de objetivo y fin. La impronta de esta carencia de finalidad la encontramos también en todas las partes de su manifestación global, desde la forma más general de esta, pasando por el tiempo y el espacio sin fin, hasta la más perfecta de todas las manifestaciones, a saber, la vida y el afán de los hombres.[81]

[*] Alude al libro II de la misma obra a la que pertenece este pasaje: *El mundo como voluntad y representación*. (N. del T.)

Nadie es feliz, sino que anhela durante toda su vida una supuesta felicidad, que raramente alcanza y, cuando lo hace, es solo para verse decepcionado. Por norma general, al final cada cual llega al puerto haciendo agua y desarbolado. Y entonces resulta completamente indiferente si fue feliz o infeliz, en una vida que no fue más que un presente fugaz y que en ese momento llega a su fin.[82]

Que toda felicidad es de naturaleza negativa y no positiva, que, por tanto, no puede procurar ninguna satisfacción ni dicha duradera, sino que siempre solo remedia un dolor o una carencia, a los que después seguirán o un nuevo dolor o también *languor* [languidez], una añoranza vacía y el tedio, esto se comprueba también en aquel fiel reflejo de la esencia del mundo y de la vida que es el arte, especialmente en la poesía.[83]

Conviene que intentemos conseguir ver lo que poseemos de la misma manera que lo veríamos si nos fuera arrebatado: sea lo que sea, propiedad, salud, amigos, amante, mujer e hijo, la mayoría de las veces apreciamos su valor solo cuando lo hemos perdido. Si lo logramos, entonces, primero, su posesión real nos hará de inmediato más felices y, segundo, trataremos de todas las maneras de prevenir la pérdida, no arriesgaremos nuestra propiedad, no irritaremos a los amigos, no pondremos a prueba la fidelidad de las mujeres, velaremos por la salud de los hijos, etcétera. Ante la vista de todo lo que no tenemos, nos preguntamos «¿Cómo sería si lo tuviera?» y así se nos hace evidente nuestra carencia. Pero en lugar de eso, lo que deberíamos hacer es preguntarnos a menudo ante aquello que poseemos «¿Cómo sería si lo perdiera?».[84]

La mascarada

Y así, el significado profundo y veraz de nuestra existencia se halla flotando por encima de la mascarada y las miserias interminables de la vida humana y no las abandona en ningún momento.[85]

La tragedia griega es un resonante lamento sobre la mascarada de la vida, su noche y su confusión: «¡Sobre este suelo jamás podrán crecer felicidad y paz! ¡Ni siquiera cumplirse el propio deber! ¡Incluso quien busca lo mejor comete un delito a pesar de su buena voluntad!» Solo una cosa vemos al margen del poder que ejerce el destino: la voluntad misma; y en la conciencia del espectador surge desde la noche la comprensión de que ningún objeto de la voluntad, sino solamente la voluntad misma existe en verdad.[86]

La vida del individuo, cuando se contempla en general y en su totalidad, tomando en consideración solo los rasgos significativos, representa prácticamente siempre una tragedia; pero, si descendemos a los detalles, adquiere el carácter de una comedia, pues el vaivén y los esfuerzos diarios, las chanzas del momento, las deseos y los temores de la semana, los incidentes de cada hora, frutos de un azar ansioso de hacernos malas pasadas, todo ello, en fin, son clamorosas escenas de comedia. Por los deseos jamás colmados, los anhelos frustrados, las esperanzas pisoteadas de manera inmisericorde por el destino, los innumerables errores de la vida entera, con creciente dolor y la muerte al final, nos dan siempre la imagen de una tragedia. Y así, como si el destino hubiese querido unir al llanto de nuestra existencia aun la burla, nuestra vida debe contener todas las calamidades de la tragedia sin que podamos manifestar siquiera la dignidad de las personas trágicas, sino que más bien, en toda la gama de los pormenores de la vida, hemos de ser inevitablemente figuras ridículas de comedia.[87]

Si, como he dicho, la vida humana, contemplada en su conjunto, muestra las características de una tragedia y vemos que, por norma general, no es otra cosa que una serie de esperanzas abortadas, proyectos frustrados y errores reconocidos demasiado tarde, y que, con respecto a la existencia, cantan su verdad estos tristes versos:

> *Then old age and experience, hand in hand,*
> *lead him to death and make him understand,*
> *after a search so painful and so long,*
> *that all his life he has been in the wrong,*

entonces todo ello concuerda plenamente con mi concepción del mundo, que considera la vida misma como algo que mejor sería que no existiera, como una especie de equivocación, de la cual el conocimiento ha de llevarnos de vuelta.[88]

Una vez que Schopenhauer salió a pasear en una noche estrellada con su posterior biógrafo Gwinner, este, puesto que veía a Venus brillar más intensamente que de costumbre, hizo referencia a las almas que Dante situaba en esta estre-

lla como en un lugar de peregrinación, y preguntó entonces al filósofo, volviendo a opiniones más modernas, ni aceptadas ni rebatidas por la ciencia, si no creía que allá arriba pudiera haber formas de existencia más perfectas de lo que somos nosotros. Schopenhauer rechazó tal cosa, pues no concebía que un ser que estuviera mejor constituido que nosotros, pudiera poseer voluntad de vivir. Opinaba que la serie a través de la cual la vida se elevaba acababa en el hombre, que representaba la última expresión de aquella triste progresión cuyos órganos hacían la vida si no deseable, al menos soportable para el ser humano. Y atreviéndose a elevarse cada vez más en sus pensamientos, se dirigió a su interlocutor y le espetó: «¿Acaso piensa usted de verdad que un ser sobrehumano desearía prolongar un solo día más esta mala comedia que es la vida? Esto nos corresponde a lo sumo a nosotros, los hombres; pero los espíritus o los dioses lo declinarían agradecidos».[89]

En la vida pasa como con el ajedrez: en ambos trazamos, ciertamente, un plan, pero este queda total y completamente subordinado por aquello que, en el ajedrez, se le antoja hacer a nuestro adversario y, en la vida, al destino. La mayoría de las veces, las modificaciones resultantes son tan significativas que nuestro plan, cuando llega a realizarse, apenas queda reconocible en algunos rasgos básicos.[90]

La vida es sueño

Lo que la historia cuenta es, de hecho, tan solo el largo, pesado y confuso sueño de la humanidad.[91]

La vida y los sueños son páginas de un mismo y único libro. La lectura progresiva es lo que se llama vida auténtica. Pero cuando la respectiva hora de lectura (el día) llega a su fin y viene el momento de descansar, entonces a menudo hojeamos el libro de manera inútil y abrimos sin orden ni concierto una página aquí o allá: ora es una página ya leída, ora otra que aún no conocemos, mas siempre del mismo libro.[92]

Según lo dicho, la vida puede considerarse un sueño y la muerte, el acto de despertar.[93]

Al igual que el séptimo acorde precisa el acorde básico, que el color rojo exige el verde e incluso lo produce en el ojo, así demanda cada tragedia una existencia completamente distinta, otro mundo, cuyo conocimiento solo puede sernos dado de manera indirecta, como aquí mediante un tal requerimiento. En el momento de la catástrofe trágica, llegamos, de forma más clara que nunca, a la convicción de que la vida es un penoso sueño del que cabe despertar.[94]

Cada individuo, cada rostro humano y su curso vital no es sino un breve sueño más del infinito espíritu de la naturaleza, de la tenaz voluntad de vivir; es solo una figura fugaz más, que dibuja jugando sobre su página infinita, el espacio y el tiempo, y a la que deja persistir durante un instante ínfimo para luego borrarla a fin de hacer sitio a otras. Sin embargo, y ahí reside el lado lamentable de la vida, la entera voluntad de vivir con toda su vehemencia ha de pagar cada una de estas figuras fugaces, de estos insustanciales chispazos, con muchos y profundos dolores y finalmente con la amarga muerte, largo tiempo temida y finalmente cumplida.[95]

LA BUENA VIDA

Un hombre que hubiera hecho firmemente suyas las verdades aquí expuestas, pero que, al mismo tiempo, no hubiese llegado por experiencia propia o una comprensión superior a reconocer el dolor permanente como algo esencial a la vida, sino que encontrara satisfacción en la existencia, se hallara en ella perfectamente a gusto y, considerándolo bien, deseara que su curso vital, como lo ha vivido hasta entonces, fuera de una duración infinita o se repitiera siempre de nuevo, un hombre cuyos ánimos de vivir fueran tan grandes que, a cambio de los placeres de la vida, aceptara de buena gana todas las penas y los dolores a que la vida se halla sujeta; un hombre así se alzaría «con fuertes y enérgicos huesos sobre la bien fundamentada y duradera tierra» y no tendría nada que temer; armado con el conocimiento que le hemos atribuido, contemplaría con mirada indiferente cómo se le aproximaría veloz la muerte cabalgando sobre las alas del tiempo, la consideraría un espejismo, un fantasma impotente que asusta a los débiles, pero que no tiene potestad alguna sobre quien sabe que él mismo es aquella voluntad cuya objetivación o reflejo es el mundo entero; alguien que, por ende, tiene la vida siempre por seguro, así como también el momento presente, la única forma propia con que se manifiesta la voluntad, un momento al que, por tanto, no puede asustarle ningún pasado o futuro inconmensurables de los que no forme parte, pues estos le parecen el mero artificio y el velo de Maya;* alguien que, por ende, ha de temer tan poco a la muerte como el sol a la noche.[96]

Una filosofía como esta sería en realidad la pura verdad para cualquiera que todavía se encuentre en el punto de vista de la afirmación de la vida, por consiguiente, en realidad para cualquier hombre: no necesariamente tal persona tiene por qué ser mala ni viciosa, sino que basta con que no sea ni asceta ni *sanniasi*.** Se alza «con enérgicos huesos sobre la bien fundamentada y firme tierra», afirma la vida con todas sus fuerzas, tiene los ánimos de vivir que le permiten asumir todos los dolores y penas de la existencia y su filosofía le ha enseñado a contemplar con indiferencia cómo la muerte se acerca sobre las alas del tiempo, cual un espejismo o un fantasma impotente que no le incumbe en nada, pues sabe que de la misma forma que el ahora existe para él en el momento presente, así ha de ser siempre, ya que es la forma más íntima de la manifestación de la voluntad, razón por la cual ya no le asustan ni el futuro ni el pasado infinitos, en los cuales él no existiría y que tan solo son falsas ilusiones y artificios de Maya. Es primero en este punto de partida donde Krishna coloca a Arjuna cuando este se halla a punto de desfallecer, como antaño Jerjes a la vista de los ejércitos preparados para el combate. En este punto se encuentra también el Prometeo de Goethe:

---

* Maya: diosa hindú, personifica la ilusión y el engaño; en sánscrito, *Māyā*. *(N. del T.)*
** *Sanniasi*: asceta hindú; en sánscrito, *saṃnyāsin*. *(N. del T.)*

Aquí me siento, modelo a hombres
Según mi imagen,
Una estirpe que sea mi semejante,
Para que sufran y lloren,
Para que gocen y se regocijen
Y que te desprecien,
¡Como yo![97]

Nada puede servir más para la paciencia en la vida y para soportar con serenidad los males y a los hombres que un recuerdo *budista* de este tipo: «*Esto es samsara*: el mundo del placer y del deseo, y por tanto, el mundo del nacimiento, de la enfermedad, del envejecimiento y de la muerte; es el mundo que no debería ser. Y esta aquí es la población del *samsara*. ¿Qué podéis esperar, pues, que sea mejor?». Quisiera prescribir que cada cual se repitiera esto con consciencia cuatro veces al día.[98]

LA INSIPIDEZ DE LA VIDA

El hombre encontraría la vida, tras cierta duración de la misma, insoportablemente aburrida por su monotonía y concomitante insipidez, si no fuera por el constante progreso del conocimiento y del entendimiento en general y la cada vez mejor y más clara comprensión de todas las cosas y circunstancias, en parte como fruto de la madurez y la experiencia, y en parte como consecuencia de los cambios que también sufrimos nosotros mismos a lo largo de la vida y por las que en cierto modo nos situamos en una siempre nueva perspectiva, desde la cual las cosas se nos muestran desde ángulos aún desconocidos y parecen distintas; por todo ello, pese al descenso de la intensidad de fuerzas espirituales, aquella máxima *Dies diem docet* [Un día enseña al otro] conserva inagotable su validez y extiende sobre la vida un estímulo siempre renovado, en cuanto que lo idéntico se presenta siempre como algo nuevo y diferente.[99]

El hecho de que, detrás de la *angustia*, se encuentre de inmediato el *aburrimiento*, que afecta hasta a los animales más inteligentes, es consecuencia de que la vida no tiene ningún *contenido verdadero y auténtico*, sino que solo se mantiene en movimiento por necesidad e ilusión: y tan pronto como el movimiento se detiene, aparece toda la esterilidad y el vacío de la existencia.[100]

Antes de que alguien diga de manera confiada que la vida es un bien deseable o digno de ser agradecido, que compare con calma la suma de posibles alegrías que un hombre puede gozar en su vida con la cantidad de las eventuales penas que le pueden sobrevenir. Creo que no será difícil extraer el balance. Pero, en el fondo, es del todo inútil discutir sobre si en el mundo hay más cosas buenas que malas, pues ya la simple existencia del mal decide la cuestión, dado que este no puede ser eliminado por lo bueno que exista a su lado o que venga tras él y, en consecuencia, tampoco ser compensado.[101]

Es ciertamente increíble cuán insignificante y banal, vista desde fuera, y cuán aturdida y ciega, sentida desde dentro, pasa la vida de la gran mayoría de los hombres. Es un débil anhelar y atormentarse, un sonámbulo tambalearse a través de las cuatro edades de la vida hasta la muerte, en compañía de una serie de pensamientos triviales. Se asemejan a los mecanismos de relojes, que se les da cuerda y se ponen en marcha sin saber por qué. Y cada vez que un hombre es engendrado y nace, de nuevo se le da cuerda al reloj de la vida humana para que entonces vuelva a interpretar su canción tantas veces repetida ya, movimiento a movimiento, compás por compás, con variaciones insignificantes.[102]

Si uno, con tanta exactitud como le sea posible, imagina la suma de miseria, dolor y sufrimiento de todo tipo que el sol ilumina en su trayectoria, entonces habrá que admitir que mucho mejor sería que este no hubiera dado lugar al fenómeno de la vida en la Tierra, como tampoco lo hizo en la Luna, sino que, al igual que en esta, la superficie de la Tierra se hallara todavía en estado cristalino.[103]

Con bastante claridad el conjunto de la existencia humana apunta al sufrimiento como al verdadero rasgo determinante de la misma. La vida está profundamente arraigada en él y no puede evitarlo: nuestra entrada en ella sucede entre lágrimas, su desarrollo es en el fondo algo siempre trágico y más aún lo es la salida de la misma. No se puede negar que aquí hay un rasgo de intencionalidad. Por norma general, el destino trastoca la meta principal de los deseos y anhelos del hombre de manera radical; con ello, su vida adquiere una tendencia trágica que la hace apta para liberarlo del afán, cuya manifestación es cada existencia humana individual, y conducirlo hasta el punto en que se separe de la vida liberado del deseo de ella y sus alegrías. El sufrimiento es, efectivamente, el único proceso de purificación mediante el cual, en la mayoría de los casos, el hombre es salvado, es decir, rescatado de haberse perdido por el falso camino de la voluntad de vivir.[104]

Sin embargo, rechazamos la comprensión, cual una amarga medicina, según la cual el sufrimiento es esencial a la vida y, por tanto, no nos acomete desde fuera, sino que cada uno de nosotros lleva consigo la inagotable fuente de su dolor dentro de su ser. Antes bien, siempre buscamos para el dolor, que nunca nos abandona, una singular causa exterior a modo de pretexto, de igual manera que el hombre libre se construye un ídolo para poder tener un señor.[105]

Una vez que, mediante las consideraciones más generales y la investigación de los primeros rasgos elementales de la vida humana, nos hemos convencido a priori [a partir de la razón, a través de conclusiones lógicas] de que la vida, ya sea según su entera constitución, no es capaz de ninguna verdadera felicidad, sino que consiste sustancialmente en un variado sufrimiento y un estado por completo de desdicha, podríamos suscitar ahora esa convicción de manera todavía más viva, si ahora, procediendo más bien a posteriori [por la experiencia], nos ocupáramos de los casos más concretos, trajéramos imágenes a la fantasía y nos dispusiéramos a ilustrar con ejemplos la miseria sin nombre, miseria que la experiencia y la historia presentan por donde se mire y según los parámetros que se investiguen. Solo que el capítulo sería inabarcable y nos alejaría del punto de vista general que es propio de la filosofía. Además, fácilmente podría tomarse tal descripción por una mera lamentación sobre la miseria humana, como se ha hecho a menudo, y acusarla de unilateralidad, puesto que parte de hechos particulares. De tal reproche y sospecha está libre nuestra comprobación de la inevitabilidad del sufrimiento arraigado en la esencia misma de la vida, comprobación llevada a cabo fría y filosóficamente a priori partiendo de lo general. La confirmación a posteriori es, no obstante, fácil de obtener. Cualquiera que se haya despertado de los primeros sueños juveniles, que haya contemplado su propia experiencia o la ajena, que haya examinado su vida, la historia del pasado y de su propio tiempo y, por último, las obras de los grandes poetas, a no ser que un prejuicio innato e inextinguible paralice su raciocinio, reconocerá el resultado de que este mundo de los hombres es el reino del azar y del error, los cuales lo dominan sin piedad, tanto en lo grande como en lo pequeño, y junto a los cuales, además, la estupidez y la maldad agitan el látigo; de ahí que cualquier cosa mejor se abra paso solo con esfuerzo, que lo noble y lo sabio comparezcan muy raramente o apenas encuentren eco y repercusión, mientras que lo absurdo y erróneo en el terreno del pensamiento, lo vulgar y carente de gusto en el reino del arte, lo malvado y tramposo en el de los actos, alterados solo por breves interrumpciones, estén propiamente en el poder, mientras que lo excelente de cualquier índole represente siempre una excepción, un caso entre millones; de ahí que, cuando se ha manifestado en una obra duradera y que haya sobrevivido al rencor de sus contemporáneos, esta se halle aislada y sea conservada como si fuera un meteorito caído, procedente de otro orden de cosas diferente del que aquí impera. Pero en lo que concierne a la vida del individuo, cada historia de una vida es siempre trágica: pues, por norma general, todo curso vital constituye la sucesión de una serie de accidentes mayores o menores, que cada cual tiende a ocultar en la medida de lo posible, pues sabe bien que ante ellos los demás raras veces experimentan empatía o compasión, sino casi siempre satisfacción, al imaginarse las penalidades de las que en ese momento ellos se encuentran libres; quizá ningún hombre, al final de su vida (cuando es sensato y a la vez honesto) deseará volver a empezar, antes bien preferirá elegir la inexistencia total.[106]

Por lo demás, no puedo reservarme aquí la opinión de que para mí el optimismo sea, cuando no es producto, por ejemplo, de esos discursos irreflexivos salidos de esas mentes chatas que no albergan más que palabras, no solo una manera de pensar absurda, sino también ciertamente vil, un amargo escarnio de innombrables sufrimientos de la humanidad. Que no se piense que la fe cristiana sea adecuada al optimismo; pues, muy al contrario, en los Evangelios el mundo y el mal se usan prácticamente como expresiones sinónimas.[107]

La verdad es que debemos ser miserables, y lo somos. Y resulta que la fuente principal del más grave mal que sufren los hombres es el hombre mismo: *Homo homini lupus* [El hombre es un lobo para el hombre]. Aquel que se plantee seriamente esta máxima contemplará el mundo como un infierno que supera al de Dante en cuanto que cada uno tiene que ser el diablo del otro; de ahí que buenamente tanto uno como otro estaría en condiciones de hacer de archidiablo ante los demás y, mostrándose en la persona de un gran conquistador, colocar a algunos cientos de miles de hombres unos frente a otros y gritarles: «¡Vuestro destino es padecer y morir, ahora acribillaos mutuamente con fusiles y cañones!». Cosa que harían. En definitiva, por norma general, el modo de proceder de los hombres entre sí se caracteriza por la injusticia, la más extrema falta de equidad, la dureza, incluso la crueldad; lo contrario aparece solo de forma excepcional. De ahí emana la necesidad del Estado y la legislación, y no de vuestras ensoñaciones. En todos los casos que no se encuentren en el ámbito de la ley, se manifiesta de inmediato la propia desconsideración del hombre frente a sus semejantes, que brota de su infinito egoísmo, a veces también de su maldad. El modo como los hombres se comportan unos con otros lo ilustra: por ejemplo, el comercio de esclavos negros, cuyo objetivo final no es sino el azúcar y el café. Pero no necesitamos irnos tan lejos: entrar a la edad de 5 años en los talleres textiles o fábricas similares y, a partir de ese momento, estar allí sentado primero diez, luego doce y finalmente catorce horas diarias haciendo la misma y mecánica tarea significa pagar caro el placer de poder respirar. Pero este es el destino de millones, y muchos otros millones sufren un sino análogo.[108]

En el Estado hemos reconocido, por tanto, el medio mediante el cual el egoísmo provisto de razón busca alejar sus propias malas consecuencias, que se vuelven contra sí mismo, y ahora cada uno busca el bien de los demás porque ve su propio bienestar unido al de ellos. Si el Estado alcanzara plenamente su objetivo, entonces, ya que sabe aprovecharse también progresivamente de la naturaleza mediante las energías humanas concentradas en su seno, y alejando todo tipo de males, podría llegar a crearse algo que se asemejara al país de Jauja. Pero, en parte, el Estado se halla todavía bien lejos de este objetivo; en parte, quedarían innumerables males aún y aunque finalmente fueran eliminados, el tedio ocuparía cada puesto abandonado de inmediato, lo que mantendría la vida todavía sometida al sufrimiento; en parte, tampoco la discordia entre individuos es algo que el Estado pueda suprimir por completo, pues hostiga en lo pequeño cuando se la ha vetado en lo grande; y finalmente, la *eris* [discordia] felizmente expulsada del interior acaba volviéndose hacia el exterior: como lucha entre individuos prohibida por el Estado vuelve desde fuera en calidad de guerra entre los pueblos y exige entonces en gran escala y de una vez, cual si se tratase de una deuda acumulada, el pago de las ofrendas sangrientas de las que se la había privado en los casos individuales gracias a inteligentes disposiciones. Es más, supongamos que incluso todo esto hubiera sido superado y vencido mediante una sensatez basada en una experiencia milenaria, al final el resultado sería la superpoblación real de todo el planeta, cuyas terribles repercusiones ahora solo una temeraria imaginación es capaz de figurarse.[109]

Una vida individual ha dado su fruto completo cuando el hombre se separa de esta sin albegar más el deseo de ella ni de sus alegrías, cuando se halla curado del afán que se manifestó como vida. Todo lo demás es indiferente y de menor valor por tener un efecto meramente concomitante: su destino y sus actos. Mediante el sufrimiento, el hombre es aleccionado y finalmente salvado, es decir, liberado de la voluntad de vivir.[110]

La vida y la muerte

Puesto que la comprensión infinitamente importante de qué la indestructibilidad de nuestro verdadero ser por obra de la muerte se basa por completo en la diferencia entre fenómeno y cosa en sí, ahora quisiera poner precisamente esta distinción bajo la luz más clara al explicarla sirviéndome del opuesto de la muerte, es decir, de la génesis de los seres animales, o sea, la procreación. Pues esta, igual de misteriosa que la muerte, nos presenta de la forma más inmediata posible la contraposición fundamental entre el fenómeno y la esencia en sí de las cosas, esto es, entre el mundo como representación y el mundo como voluntad, así como también la total heterogeneidad de las leyes de ambos.[111]

Ahora bien, la muerte es, además de todo, la gran oportunidad de dejar de ser yo; feliz aquel que la aprovecha. Durante la vida, la voluntad humana carece de libertad: sobre la base de su carácter imperturbable, su obrar se desarrolla con necesidad, atado a la cadena de los motivos. Resulta que cada uno guarda recuerdo de muchas cosas hechas de las que no se siente satisfecho. Pero por mucho que viviera más, en virtud de la imperturbabilidad de su carácter, se comportaría siempre de la misma manera. De acuerdo con esto, debe dejar de ser lo que es para poder brotar como algo nuevo y diferente del germen de su esencia. La muerte suelta estas ataduras: la voluntad queda libre de nuevo.[112]

En realidad, el miedo a la muerte, que nos mantiene con vida, pese a todas las calamidades de la existencia, es algo ilusorio: pero igual de ilusorio es el impulso que nos ha atraído a la vida. Esta atracción misma puede contemplarse objetivamente en las miradas de dos amantes que se cruzan ansiosas: son la expresión más pura de la voluntad de vivir en su afirmación. ¡Cuán delicada y afable se muestra aquí la voluntad! Desea el bienestar y el disfrute tranquilo y la alegría apacible para sí, para los demás, para todos.[113]

La serenidad y los ánimos de vivir de nuestra juventud se basan en parte en el hecho de que nosotros, ascendiendo la montaña, no vemos aún la muerte, porque esta se encuentra al otro lado del pie de la montaña. Pero una vez pasada la cima, alcanzamos a divisar de veras la muerte, de la que hasta entonces solo habíamos oído hablar, razón por la cual, puesto que al mismo tiempo empiezan a disminuir las fuerzas vitales, decaen también los ánimos de vivir, de modo que entonces una sombría seriedad sustituye la alegría desbordante juvenil y se refleja asimismo en el rostro.[114]

Ciertamente, cada ser recién nacido entra fresco y feliz en la nueva existencia y la disfruta como un regalo; pero regalos ni hay ni puede haber. Su fresca existencia está pagada mediante la vejez y la muerte de otra vida agotada y perecida, pero que contenía el germen indestructible a partir del cual ha nacido esta nueva: ambas son un único ser. Ahora bien, esclarecer el vínculo entre ambos sería, desde luego, la resolución de un gran enigma.[115]

La vida de la mayoría es solo una lucha permanente por esta pura existencia misma, con la certeza de que finalmente saldrán derrotados. Empero, lo que los hace persistir en esta lucha tan esforzada no es tanto el amor a la vida como el temor a la muerte, que, no obstante, se halla al fondo como algo inevitable y puede acercarse en cualquier momento. La vida misma es un mar lleno de acantilados y remolinos, que el hombre evita con sumo cuidado y prevención, pese a que sabe que incluso cuando logre con todo su esfuerzo y su arte surcarlo, cada paso que dé lo aproxima más al mayor, al total, inevitable e insalvable naufragio; es más, se dirige directo a él, a la muerte: he aquí la meta final de tan esforzada travesía y más grave para el hombre que cuantos acantilados ha sorteado.

Ahora bien, es asimismo digno de atención que, por un lado, las penas y tribulaciones de la vida pueden crecer con tanta facilidad que incluso la muerte, si bien huir de la cual sea el objetivo principal de la vida, se convierta en algo deseable y uno se precipite voluntariamente hacia ella; y que, por otro, tan pronto como la miseria y el sufrimiento conceden un respiro al hombre, enseguida el tedio se halla tan cerca que el hombre precisa necesariamente de algún pasatiempo. Lo que ocupa a todos los seres vivos y los mantiene en movimiento es el afán de existir. Con la existencia, sin embargo, cuando se tiene por segura, los hombres ya no saben qué hacer; por ello, la segunda cosa que los mantiene en movimiento estriba en el afán de librarse del peso de la existencia, hacer que no se note, «matar el tiempo», es decir, escapar al tedio. Y de acuerdo con ello, vemos que casi todos los hombres que se hallan a salvo de la miseria y las preocupaciones, ahora que se han librado por fin de todas las demás cargas, se vuelven una carga para sí mismos y toman por una ganancia cada hora pasada con alguna ocupación, es decir, cada pizca que se sustrae precisamente de esa vida, para la conservación de la cual hasta ese momento habían empleado todas las fuerzas disponibles. El tedio, sin embargo, no es ni mucho menos un mal que pueda subestimarse: acaba pintando en el rostro verdadera desesperación. Hace que seres que se aman tan poco entre sí como los hombres, no obstante, se busquen tanto, y se convierte así en la fuente de toda sociabilidad. También se toman por doquier medidas públicas contra él, ya solo por inteligencia estatal, igual que sucede en el caso de otras calamidades generales; pues este mal, en la misma medida que su extremo contrario, el hambre, puede arrastrar a los hombres a los mayores desenfrenos: el pueblo necesita *panem et circenses* [pan y juegos del circo].[116]

Cada día *es una pequeña vida*, cada despertar y levantarse un pequeño nacimiento, cada fresca mañana una pequeña juventud y cada irse a la cama y dormir una pequeña muerte.[117]

Analizada la cuestión ahora también desde el punto de vista físico, resulta evidente que nuestro caminar no es sino una caída siempre impedida, la vida de nuestro cuerpo solo una muerte continuamente impedida, una muerte siempre pospuesta; por último, la vivacidad de nuestro espíritu es un tedio permanentemente evitado. Cada respiración rechaza la muerte, que sin cesar trata de irrumpir, a la que de esa guisa combatimos a cada momento y, por otra parte, en intervalos mayores, a saber, mediante cada comida, cada sueño, cada vez que nos calentamos, etcétera. Finalmente, la muerte debe vencer: pues somos su víctima ya desde el nacimiento y tan solo juguetea un rato con su presa antes de devorarla.[118]

Nos asemejamos a los corderos que juegan en las praderas mientras el carnicero ya escoge con la vista a uno u otro de ellos. Pues en nuestros días buenos no sabemos qué desgracia nos depara desde ya el destino: enfermedad, persecución, empobrecimiento, mutilación, ceguera, locura, muerte, etc.[119]

Pues se habrá mostrado cómo la idea del ser en el tiempo es la idea de un desventurado estado, cómo el ser en el tiempo es el mundo, el reino del azar, del error y la maldad; se habrá mostrado cómo el cuerpo es la voluntad visible, que siempre quiere y nunca puede ser saciada; cómo la vida es una muerte permanentemente inhibida, una eterna lucha contra la muerte, que al final ha de salir vencedora, y cómo la humanidad y la animalidad sufrientes son la idea de la vida en el tiempo, cómo el querer vivir es la verdadera perdición y la virtud y el vicio son solo el grado más débil y el más fuerte del querer vivir; se habrá mostrado cómo es una necedad temer que la muerte pueda robarnos la vida, porque desgraciadamente el querer vivir es ya la vida, y si la muerte y el sufrimiento no pueden acabar con el querer vivir, la vida misma fluye eterna desde una fuente inagotable, desde el tiempo infinito, y la voluntad de vivir siempre tendrá vida, junto con la muerte, amarga añadidura que en realidad con la vida constituye la misma cosa, puesto que solo el tiempo, cosa insignificante, las distingue, y la vida no es sino una muerte pospuesta.[120]

Y así son la vejez y la muerte, hacia donde se dirige necesariamente toda vida: la sentencia contra la voluntad de vivir firmada por la naturaleza misma, y lo que dice esta sentencia es que la voluntad constituye un afán que debe frustrarse a sí mismo. «Lo que has querido», dice, «acaba así: quiere otra cosa mejor.» Por tanto, la lección que la vida da a cualquiera consiste, grosso modo, en que los objetos de su deseo constantemente engañan, vacilan y caen, por lo que traen más penas que alegrías, hasta que al final la misma base y suelo sobre los que se levantan cae también, en cuanto se aniquila su vida y le da así la última confirmación de que todo su afán y querer fue un error y un extravío.[121]

Como la relación que existe entre la completa y lenta vegetación de las plantas y el fruto —el cual con un solo golpe consigue ahora centuplicado aquello que esta solo lograba progresivamente y poco a poco—, así es también la relación entre la vida —con sus obstáculos, esperanzas defraudadas, planes frustrados y el permanente sufrimiento— y la muerte, que todo, todo lo que el hombre ha querido, destruye con un solo golpe y corona de esta forma la lección que la existencia dio al hombre.[122]

Como individuos, como personas, o para la conciencia empírica, nosotros estamos en el tiempo, en la finitud, en la muerte. Lo que procede de este mundo termina y muere. Lo que no procede de él, lo traspasa con omnipotencia como un rayo lanzado hacia arriba y no conoce ni tiempo ni muerte.

El sabio reconoce durante su vida lo que otros comprenden solo a la hora de la muerte: es decir, el sabio sabe que toda la vida es muerte.

Media vita sumus in morte [En medio de la vida, estamos en la muerte].

El necio es el esclavo de galeras durmiente y soñador, el sabio el despierto que ve sus cadenas y oye su tintineo. ¿Empleará ese estar despierto para huir?[123]

Si la vida en sí misma fuera un bien valioso y resultara decisivamente preferible a la no existencia, entonces las puertas de salida no necesitarían estar ocupadas por vigilantes tan tremendos como lo son la muerte con sus horrores. Pero ¿quién perseveraría en la vida como es, si la muerte fuera menos terrible? Y ¡quién podría soportar siquiera el pensamiento de la muerte, si la vida fuera una alegría! Pero así, la muerte aún tiene de bueno que es el fin de la vida y nos consolamos de las penas de la existencia con la muerte y de la muerte con las penas de la vida. La verdad es que las dos son inseparables, en cuanto que forman una equivocación de la que salir es tan difícil como deseable.[124]

A fin de tener a mano en todo momento una certera brújula con la que orientarse en la vida y contemplar la misma, sin jamás equivocarse, siempre con clara luz, a saber, correctamente, no hay nada más beneficioso que acostumbrarse a considerar este mundo como un lugar de expiación, es decir, semejante a una penitenciaría, *a penal colony*, un *ergasterion* [taller, instalación con mano de obra esclava], como lo calificaban ya los filósofos más antiguos y, de entre los padres cristianos, Orígenes lo expresó con audacia digna de elogio; y este modo de ver el mundo encuentra su justificación teórica y objetiva, no solamente en mi filosofía, sino en la sabiduría de todos los tiempos, esto es, en el brahmanismo, el budismo, en Empédocles y Pitágoras; así dice también Cicerón que, durante la iniciación en los misterios, los sabios antiguos enseñaban «que hemos nacido para expiar el castigo por determinados errores cometidos en una vida anterior».[125]

NOTAS

INTRODUCCIÓN

1   Hb, 5, págs. 433, 528.
2   *Die Schopenhauers*, págs. 151-152.
3   *Ibíd.*, pág. 337.
4   *Ibíd.*, pág. 336.
5   *Ibíd.*, págs. 337, 338.
6   *Ibíd.*, págs. 339-340.
7   *Ibíd.*, pág. 340.
8   *Ibíd.*, pág. 341.
9   *Ibíd.* pág. 356.
10   *Ibíd.*, pág. 347; GBr (1978), pág. 140.
11   GBr (1978), pág. 142.
12   GBr (1978), pág. 152.
13   GBr (1978), pág. 175.
14   *Die Schopenhauer-Welt*, pág. 110. HN V, pág. XIII.
15   *Die Schopenhauers*, págs. 397, 399, 476.
16   GBr (1978), pág. 175.
17   *Die Schopenhauers*, págs. 37-40, 391.
18   GBr (1978) págs. 152, 525.
19   *Die Schopenhauers*, pág. 398; HB, 4, págs. I, III.
20   *Die Schopenhauers*, págs. 420, 421.
21   *Ibíd.*, págs. 426-427, 428.
22   *Ibíd.*, págs. 431-433.
23   *Ibíd.*, pág. 436. Cf., *Senilia*, págs. 36,5: «Tras semejante silencio unánime, yo ya era presa fácil para la autén-

tica chusma de la literatura. Y en el año 1841, en la tristemente célebre revista *Halle'sche Jahrbücher,* editada por *Ruge,* apareció un libelo mendaz y con falsedades –cuyo autor, ciertamente algún ignorante hijo de judíos, se escondió tras el anonimato– en forma de recensión del presente escrito y de mi ética, obras ambas que allí eran presentadas al público como una producción miserable. Mis señores profesores de filosofía callaron ante ello como era debido y se rieron con disimulo (pág. 37), puesto que ahora podían seguir adelante con tanta menos molestia, hacerse mutuos cumplidos por sus obras maestras, dejando de lado con desdén a un hombre como yo».

Cf., además, GBr (1978), pág. 347, Arthur Schopenhauer a Julius Fraunstädt, el 29 de junio de 1854: «Esencialmente, hoy quiero revelarle quién fue el autor de aquel viejo pasquín aparecido en los anuarios de Halle. El doctor Emden se había enfadado terriblemente ya en aquel entonces por el asunto y estaba muy empeñado en averiguar quién fue el autor, pero fue en vano. Hace un par de años, me dijo que algunos doctores judíos conocían su identidad, pero que, como es natural, debían guardar silencio. Mas ahora, como ya ha muerto, les fue lícito al fin decírselo: se trata de Carové, que antaño estuvo en amistosos términos conmigo y que también me había hablado de manera despreocupada sobre aquella recensión. Siempre me había tenido una envidia maliciosa: hace diez años, me enemisté y separé de él, aunque después, muchas veces, se esforzó, sin pudor alguno, en reanudar la amistad. Era un hombre sumamente despreciable, y lo demostró a menudo». Carové, Friedrich Wilhelm (1789-1852): abogado, director financiero, profesor privado. Ruge, Arnold (1802-1880): filósofo y político; editó de 1838 a 1843, junto con Theodor Echtermeyer, los anuarios de Halle *(Hallische Jahrbücher für Deutsche Wissenschaft und Kunst,* desde 1841 *Deutsche Jahrbücher für Wissenschaft und Kunst).*

24 GBr (1978), pág. 210.

25 *Die Schopenhauers*, págs. 464-466.

26 *Ibíd.*, págs. 446, 447.

27 *Ibíd.*, págs. 427, 435, 437, 438, 439.

28 GBr (1978), págs. 129, 373, 379; Gwinner, pág. 622.

29 *Die Schopenhauers*, págs. 458-459.

30 GBr (1978), pág. 207.

31 *Die Schopenhauers*, págs. 440, 442. Cf. Hübscher, Arthur: *Schopenhauer-Bildnisse. Eine Ikonographie*, Frankfurt del Meno, 1968, págs. 61, 136.

32 *Die Schopenhauers*, pág. 442.

33 GBr (1978), pág. 236.

34 GBr (1978), págs. 152, 432; Gwinner, pág. 528.

35 *Gespräche*, pág. 380; Gwinner, pág. 529.

36 *Schopenhauers Anekdotenbüchlein*, ed. por Arthur Hübscher, Frankfurt del Meno, 1981, pág. 34.

37 Gwinner, pág. 533.

38 *Schopenhauers Anekdotenbüchlein*, pág. 34.

39 Gwinner, págs. 530-531. En 1863, apareció en Berlín el libro *Arthur Schopenhauer, von ihm, über ihn. Ein Wort der Vertheidigung von Ernst Otto Lindner und Memorabilien, Briefe und Nachlassstücke von Julius Frauenstädt [Arthur Schopenhauer, de él y sobre él. Apología de Ernst Otto Lindner, recuerdos, cartas y fragmentos inéditos de Julius Frauenstädt]*. En el prólogo (pág. III) escribió Julius Frauenstädt: «Ciertamente, Schopenhauer ha dejado de ser un desconocido, pero aún sigue siendo mal interpretado. Dado que soy el que primero y en mayor medida ha puesto fin a su desconocimiento, considero ahora mi tarea poner fin también a la mala interpretación de la que es objeto. El libro de Gwinner no pudo lograr esto. Pues si bien es cierto que constituye una apreciable y útil contribución para tener más información sobre la vida de Schopenhauer, sin embargo, en lo que se refiere a una valoración más exacta y profunda de su persona y su pensamiento es tan deficitario que, en lugar de frenar la mala interpretación de Schopenhauer, ha dado incluso más motivo para ella».

40   GBr (1978), pág. 189; *Gespräche*, pág. 389.
41   *Die Schopenhauer-Welt*, págs. 106-108; Gwinner, pág. 532.
42   GBr (1978), pág. 271.
43   GBr (1978), págs. 304, 425.
44   GBr (1978), pág. 386.
45   Hb 5, págs. 529-530.
46   *Gespräche*, pág. 389.
47   Hb, 5, pág. 529; GBr (1978), pág. 425; Gwinner, págs. 614-615.
48   GBr (1978), pág. 46; *Gespräche*, pág. 386.
49   *Schopenhauer-Jahrbuch* 2008, págs. 269-284, 270.
50   Arthur Schopenhauer, *Die Kunst, mit Frauen umzugehen*, ed. por Franco Volpi, Múnich, 2003, págs. 19-20.
51   Hb, 5, págs. 371-372.
52   *Schopenhauer-Jahrbuch* 2008, pág. 270.
53   *Schopenhauer-Jahrbuch* 2008, págs. 269, 272; GBr (1978), pág. 15.
     Bergmann, Ulrike: *Johanna Schopenhauer, «Lebe und sei so glücklich als du kannst»* [Johanna Schopenhauer, «Vive y sé tan feliz como puedas], biografía novelada, Leipzig, 2002, pág. 221.
54   *Die Schopenhauers*, pág. 236.
55   *Ibíd.*, págs. 220-221. Gestenbergk, Georg Friedrich von, llamado Müller von Gerstenbergk (1780-1838): archivero y consejero en Weimar, desde 1820 vice-canciller en Eisenach, amigo de Johanna, en 1825 contrae matrimonio con la condesa von Häseler.
56   *Die Schopenhauers*, págs. 224 ss.; 232.
57   *Ibíd.*, pág. 259.
58   GBr (1978), pág. 506.
59   *Schopenhauer-Jahrbuch* 2008, págs. 278-279.
60   *Die Schopenhauers*, pág. 287.
61   *Die Schopenhauer-Welt*, pág. 76; *Schopenhauer-Jahrbuch*, 2008, pág. 284.
62   *Die Schopenhauers*, pág. 325; cf. asimismo págs. 298, 306.
63   GBr (1978), pág. 82.
64   *Schopenhauer-Jahrbuch* 2008, págs. 272-273.

65 GBr (1978), págs. 179, 531.

66 GBr (1978), pág. 12.

67 GBr (1978), pág. 69.

68 *Die Schopenhauers*, pág. 32.

69 Rollett, Hermann: *Begegnungen, Erinnerungsblätter (1819-1899)* , Viena, 1903, págs. 140-143.

70 GBr (1978) pág. 379; cf. Hübscher: *Schopenhauer-Bildnisse*, págs. 41, 100-103.

71 Rollett, *Begegnungen*, pág. 143; GBr (1978), pág. 263.

72 Hb, 5, pág. 141; Hb, 3, pág. 532.

73 Hb, 2, pág. 382.

74 Wagner, Gustav Friedrich: *Schopenhauer-Register*, nueva edición a cargo de Arthur Hübscher, Stuttgart/Bad Cannstatt, 1960, pág. 233.

75 *Die Arthur Schopenhauer's handschriftlichem Nachlaß, Abhandlungen, Anmerkungen, Aphorismen und Fragmente*, ed. por Julius Frauenstädt, Leipzig, 1864, pág. 415.

76 Wagner: *Schopenhauer-Register*, pág. 234.

77 Hb, 2, pág. 378; Wagner: *Schopenhauer-Register*, págs. 233, 467.

DE LAS DIFERENCIAS ENTRE LAS DISTINTAS EDADES DE LA VIDA

1 Hb, 5, págs. 508-530.

ANTOLOGÍA

1 Hb, 6, pág. 171.

2 Hb, 2, pág. 326.

3 Hb, 2, pág. 324.

4 Hb, 3, págs. 552-553.

5   Hb, 6, pág. 288.

6   Hb, 3, pág. 537; cf. también HN III, pág. 592.

7   Hb, 5, págs. 522-523.

8   Hb, 5, pág. 518.

9   Hb, 2, pág. 298.

10   Hb, 4, pág. 42.

11   Hb, 6, pág. 636.

12   Hb, 3, pág. 539.

13   Hb, 5, págs. 517-518.

14   Hb, 6, pág. 318.

15   Hb, 6, págs. 304-305.

16   Hb, 6, pág. 318. *Defunctus, defungor*: poner fin a algo, terminar una cosa.

17   *Senilia*, págs. 93,2.

18   Hb 3, pág. 532.

19   Hb, 3, págs. 665-666.

20   Hb, 6, pág. 293.

21   Hb, 3, pág. 658.

22   Hb, 3, pág. 403.

23   Hb, 3, pág. 652.

24   Hb, 3, pág. 563.

25   Hb, 3, pág. 657.

26   Hb, 3, pág. 735.

27   Hb, 3, págs. 729-730.

28   Hb, 3, pág. 523.

29   Hb, 5, págs. 236-237.

30   HN III, págs. 473-474.

31   HN III, pág. 591.

32   *Senilia*, págs. 24,3.

33   Hb, 5, págs. 527-528.

34   Hb, 5, págs. 438-439.

35   Volpi (1999), pág. 61.

36   Volpi (1999), pág. 62.

37   *Senilia*, págs. 47,3.

38   Hb, 3, pág. 506.

39   *Senilia*, pág. 12,3.

40   Hb, 6, pág. 242.

41   Hb, 5, págs. 132-133.

42 Hb, 5, pág. 217.
43 Hb, 3, págs. 732-733.
44 Hb, 4, pág. 261.
45 *Senilia*, pág. 102,1.
46 Hb, 2, pág. 328.
47 Hb, 2, pág. 330.
48 Hb, 5, pág. 508.
49 Hb, 6, pág. 302.
50 Hb, 5, pág. 442.
51 Hb, 6, págs. 303-304.
52 HN I, pág. 99.
53 Hb, 3, págs. 408-409.
54 Hb, 3, pág. 532.
55 Hb, 3, págs. 531-532.
56 Hb, 3, pág. 531.
57 HN I, pág. 398.
58 Hb, 3, pág. 656.
59 Hb, 3, pág. 410.
60 Hb, 2, págs. 386-387.
61 Hb, 5, pág. 446.
62 Hb, 3, pág. 658.
63 Hb, 2, págs. 383-384.
64 Hb, 2, pág. 380.
65 Hb, 6, pág. 631.
66 Hb, 3, pág. 404.
67 Hb, 3, pág. 578.
68 *Senilia*, págs. 64,1.
69 Hb, 5, págs. 523-524.
70 Volpi (1999), pág. 65. «Pues bien, yo mismo me he encontrado con otros para quienes las cosas no son así. Por ejemplo, cierta vez estaba junto al poeta Sófocles cuando alguien le preguntó: "¿Cómo eres, Sófocles, en relación con los placeres sexuales? ¿Eres aún capaz de acostarte con una mujer?". Y él respondió: "Cuida tu lenguaje, hombre; me he liberado de ello tan agradablemente como si me hubiera liberado de un amo loco y salvaje". En ese momento, lo que dijo me pareció muy bello, y ahora más aún; pues en

lo tocante a estas cosas, en la vejez se produce mucha paz y libertad. Cuando los apetitos cesan en su vehemencia y aflojan su tensión, se realiza por completo lo que dice Sófocles: nos desembarazamos de múltiples amos enloquecidos.» (Platón, *Diálogos* IV, *República* I 329 c-d, ed. de Conrado Eggers Lan, Biblioteca Clásica Gredos 94, Madrid, 1988, págs. 60-61.)

71 Hb, 2, págs. 376-377.
72 Hb, 2, pág. 370.
73 Hb, 6, págs. 305-306.
74 Hb, 4, págs. 196-197.
75 Hb, 5, pág. 433.
76 Hb, 5, pág. 511.
77 Hb, 5, págs. 512-513.
78 Hb, 3, pág. 671.
79 Hb, 3, pág. 729.
80 Hb, 3, pág. 657.
81 Hb, 2, págs. 378-379.
82 Hb, 6, pág. 303.
83 Hb, 2, pág. 377.
84 Volpi (1999), pág. 63.
85 Hb, 3, pág. 514.
86 HN II, pág. 310.
87 Hb, 2, pág. 380.
88 Hb, 6, pág. 341. *«Then old age and experience hand in hand, / lead him to death, and make him understand, / after a search so painful and so long, / that all his life he has been in the wrong»*: «Entonces la edad y la experiencia mano a mano / lo conducen hasta la muerte y lo hacen comprender / que tras una búsqueda tan dolorosa y prolongada / ha pasado toda su vida en el error». Versos finales del poema *«A satyr against mankind»* [Un sátiro contra la humanidad], atribuido al escritor satírico John Wilmot, conde de Rochester.
89 *Gespräche*, págs. 390-391.
90 Volpi (1999), pág. 61.
91 Hb, 3, pág. 506.
92 Hb, 2, pág. 21.

93 Hb, 6, pág. 290.
94 Hb, 3, pág. 495.
95 Hb, 2, págs. 379-380.
96 Hb, 2, págs. 334-335: «Cuando se halla de pie con fuertes / enérgicos huesos / sobre la bien fundamentada /duradera tierra, / no le basta / compararse / solo con el roble / o la vid», Johann Wolgang von Goethe, *Grenzen der Menschheit*.
97 HN I, págs. 408-409.
98 *Senilia*, págs. 82,2.
99 Hb, 6, pág. 60.
100 *Senilia*, págs. 102,2.
101 Hb, 3, pág. 661.
102 Hb, 2, pág. 379.
103 Hb, 6, pág. 317.
104 Hb, 3, pág. 731.
105 Hb, 2, pág. 375.
106 Hb, 2, págs. 381-382.
107 Hb, 2, págs. 384-385.
108 Hb, 3, pág. 663.
109 Hb, 2, págs. 413-414.
110 HN III, pág. 590.
111 Hb, 3, págs. 568-569.
112 Hb, 3, pág. 582.
113 Hb, 3, págs. 652-653.
114 Hb, 5, págs. 514-515.
115 Hb, 5, pág. 577.
116 Hb, 2, págs. 368-369.
117 *Senilia*, págs. 137,2.
118 Hb, 2, pág. 367.
119 *Senilia*, págs. 71,2.
120 HN I, pág. 118.
121 Hb, 3, pág. 659.
122 Hb, 3, pág. 732.
123 HN I, pág. 129.
124 Hb, 3, pág. 664.
125 Hb, 6, pág. 321.

FUENTES Y BIBLIOGRAFÍA*

Arthur Schopenhauer, *Sämtliche Werke*, **ed. por Arthur Hübscher, Wiesbaden, ³1972.**

Primer tomo   Hb, 1 = *Schriften zur Erkenntnislehre* [Escritos sobre teoría del conocimiento].

Segundo tomo Hb, 2 = *Die Welt als Wille und Vorstellung. Erster Band* [*El mundo como voluntad y representación*. Primer volumen].

Tercer tomo   Hb, 3 = *Die Welt als Wille und Vorstellung. Zweiter Band* [*El mundo como voluntad y representación*. Segundo volumen].

Cuarto tomo   Hb, 4 = *Schriften zur Naturphilosophie und zur Ethik* [Escritos sobre filosofía natural y sobre ética].

---

* Se han escrito los títulos en cursiva cuando se corresponden con ediciones existentes en castellano; en los casos en que hemos traducido simplemente el título, se ha optado por redondilla.

I. *Über den Willen in der Natur [Sobre la voluntad en la naturaleza]*.
II. *Die beiden Grundproblemen der Ethik [Los dos problemas fundamentales de la ética]*.

Quinto tomo Hb, 5 = *Parerga und Paralipomena. Erster Band. [Parerga y Paralipómena*. Primer volumen].

Sexto tomo Hb, 6 = *Parerga und Paralipomena. Zweiter Band. [Parerga y Paralipómena*. Segundo volumen].

Séptimo tomo Hb, 7 = *Über die vierfache Wurzel des Satzes vom zureichenden Grunde* (Dissertation 1813) [*De la cuádruple raíz del principio de razón suficiente* (tesis de 1813)], *Gestrichene Stellen, Varianten früherer Auflagen, Zitate und fremsprachige Stellen, Namen- und Sachregister* [Pasajes tachados, variantes de ediciones más antiguas, citas, pasajes en lenguas extranjeras, registro temático y onomástico].

Arthur Schopenhauer, *Der handschriftliche Nachlaß*, ed. por Arthur Hübscher, Frankfurt del Meno, 1966-1975.

Primer tomo HN I = *Frühe Manuskripte* [Manuscritos tempranos] (1804-1818).

Segundo tomo HN II = *Kritische Auseinandersetzungen* [Disputas críticas] (1809-1818).

Tercer tomo HN III = *Berliner Manuskripte* [Manuscritos berlineses] (1818-1830).

Cuarto tomo HN IV (1), = *Die Manuskriptbücher der Jahre*
Primera parte   *1830 bis 1852* [Los libros con
                       manuscritos de los años 1830
                       a 1852].

Cuarto tomo HN IV (2), = *Letzte Manuskripte, Gracians*
Segunda parte   *Handorakel* [Últimos manus-
                       critos, Oráculo manual de
                       Gracián].

Quinto tomo   HN V   = *Randschriften zu Büchern* [Ano-
                       taciones marginales a libros].

Senilia   = Arthur Schopenhauer, *Senilia. Reflexiones
               de un anciano*, edición realizada por Franco
               Volpi y Ernst Ziegler, trad. Roberto Ber-
               net, Herder, Barcelona, 2010.

GBr (1978)   = Arthur Schopenhauer, *Gesammelte Briefe*
             [Correspondencia completa], ed. de Ar-
             thur Hübscher, Bonn, 1978.

*Die Schopenhauers, Der Familien-Briefwechsel von Adele, Ar-
             thur, Heinrich Floris und Johanna Schopen-
             hauer* [Los Schopenhauer. Corresponden-
             cia familiar de Adele, Arthur, Heinrich
             Floris y Johanna Schopenhauer], ed. e intr.
             de Ludger Lütkehaus, Zúrich, 1991.

Gespräche   = *Arthur Schopenhauer, Gespräche*, ed. de Ar-
               thur Hübscher [Conversaciones con Arthur
               Schopenhauer], nueva edición considera-
               blemente ampliada, Stuttgart / Bad Cann-
               statt, 1971.

Gwinner, Wilhelm: *Schopenhauer's Leben* [Vida de Scho-
penhauer], Leipzig, 1878.

Volpi (1999) = *Arthur Schopenhauer. Die Kunst, glücklich zu sein. Dargestellt in fünfzig Lebensregeln [El arte de ser feliz. Explicado en cincuenta reglas para la vida]*, ed. por Franco Volpi, Múnich, 1999.

Die Schopenhauer-Welt. Austellung der Staatsbibliothek Preußischer Kulturbesitz Berlin und der Stadt- und Universitätsbibliothek Frankfurt am Main zu Arthur Schopenhauers 200. Geburstag, [El mundo de Schopenhauer. Exposición organizada por la Biblioteca del Estado de Berlín, Propiedad cultural de Prusia, y la Biblioteca universitaria de Frankfurt del Meno con ocasión del 200 aniversario del nacimiento de Arthur Schopenhauer], Frankfurt del Meno, 1988.

Schopenhauer-Jahrbuch 2008 = Wagner, Manfred: «"... daß man wohl ein Philosoph seyn kann, ohne deshalb ein Narr zu sein", Schopenhauer und das Geld» [«Que se puede ser un filósofo sin ser por ello un bufón», Schopenhauer y el dinero], en *Schopenhauer-Jahrbuch*, Wurzburgo, 2008, volumen 89, págs. 269-284.

Selección de ediciones para el lector en lengua española

Libros

Sobre la voluntad en la naturaleza (traducción de Miguel de Unamuno), Madrid, Alianza, 1970.

De la cuádruple raíz del principio de razón suficiente (traducción y prólogo de L.-E. Palacios), Madrid, Gredos, 1981.

Los dos problemas fundamentales de la ética (edición de P. López de Santamaría), Madrid, Siglo XXI, 1993.

El mundo como voluntad y representación, 2 vols. (edición de R. Rodríguez Aramayo), Madrid, FCE/Círculo de Lectores, 2003.

Parerga y Paralipómena, 2 vols. (traducción, introducción y notas de P. López de Santamaría), Madrid, Trotta, 2009.

Schopenhauer (edición de L. Fernando Moreno), volumen 1: *El mundo como voluntad y representación* I, *La cuádruple raíz del principio de razón suficiente*; volumen 2: *El mundo como voluntad y representación* II, *La voluntad en la naturaleza*, Madrid, Gredos, 2010.

Lecciones

Metafísica de las costumbres (edición de R. Rodríguez Aramayo), Madrid, Trotta, 2001.

Manuscritos

Manuscritos berlineses (selección, estudio y traducción de R. Rodríguez Aramayo), Valencia, Pre-Textos, 1996.

Dialéctica erística o el arte de tener razón, expuesta en 38 estratagemas (traducción de L. Fernando Moreno), Madrid, Trotta, ³2007.

Escritos inéditos de juventud (edición de R. Rodríguez Aramayo), Valencia, Pre-Textos, 1999.

El arte de ser feliz. Explicado en cincuenta reglas para la vida (edición de F. Volpi y A. Ackermann), Barcelona, Herder, 2000.

Senilia. Reflexiones de un anciano (edición de F. Volpi y E. Ziegler), Barcelona, Herder, 2010.

Correspondencia

Epistolario de Weimar (traducción, prólogo y notas de L. Fernando Moreno), Madrid, Valdemar, 1999.